Kompaktes Hindi Wörterbuch
Deutsch - Hindi Englisch

कोंपॉक्ट हिन्दी शब्दकोश
जर्मन - हिन्दी - अंग्रेज़ी

W0196892

Compact Hindi Dictionary
German - Hindi - English

Vasanta Iyer

IMPRESSUM   IMPRINT

1. Auflage 2007 / 2008   1st Edition 2007 / 2008

Verlag / Publishers: **BOD Books on Demand GmbH**
Gutenbergring 53, D 22848 Norderstedt
Tel. 0049-40 - 53 43 35 0 ;
Fax. 0049-40 - 53 43 35 84
Email: info@bod.de;
Internet: www.bod.de

ISBN Nr.: / ISBN No.:   978-3-8334-7041-7 Preis/Price: 19 Euro

©Text & Fotos / © Text & Photographs: **Vasanta Iyer**

Layout und Gestaltung: **Umschlag :**
Layout and Design: **Cover Design:**

SHARP FOCUS
A-11 / B-11, Natraj Society, Panchpakhadi,
Thane (W) - 400 602. Mumbai, India
E-mail : sharpf2003@yahoo.co.in

Drucker / Printer: **Books on Demand GmbH**
Norderstedt, Germany

Bei der Vorbereitung dieses Kompaktes-Wörterbuches wurde sehr sorgfältig gearbeitet. Dennoch lässt es sich nicht vermeiden, dass irgendwelche Fehler sich eingeschlichen haben könnten. Es wird daher keine Gewähr genommen.

While compiling this Compact dictionary utmost care was taken. However, it is possible that some minor mistakes could have been left unnoticed. No responsiblity will be taken for any errors or shortcomings.

Die phonetischen Zeichen und Abkürzungen in diesem Buch:

^   Dieses Zeichen, über eine Silbe gesetzt, bedeutet:: **„kurz"** aussprechen.

_   Dieses Zeichen, über eine Silbe gesetzt, bedeutet:: **„lang"** aussprechen.

~   Dieses Zeichen, über eine Silbe gesetzt, bedeutet: **„nasaliert"** aussprechen.

Abkürzungen: (m) = männlich; (f) = weiblich, (n) = neutral, männl. = männlich, weibl. = weiblich, (m+f) = männlich sowie weiblich, (Adj.) = Adjektive, (Adv.) = Adverb, (v) = intransitives Verb, (vt.) = transitives Verb, (med) = medizinisch, engl. = Englisch, (rel.) = Religion.

Danksagung:

Einige Menschen haben mir direkt oder indirekt bei der Verwirklichung des Wörterbuches geholfen. Ihnen allen möchte ich meinen aufrichtigen Dank aussprechen:

Iyer, Subramaniyam, mein jüngerer Bruder, der das ganze Buchprojekt beaufsichtigt und die Arbeit mit seinen Mitarbeitern koordiniert und delegiert hat, damit alles korrekt erledigt wurde.

Shanmugam Pillai und **Yatish Nakhwa** DTP-Experte. Sie zählen wahrlich zu den schnellsten und effizienten Personen in ihren Metier.

Frau Apte und ihre Assistentinnen Tripthi und Sonya von Reliance World (Cyber Café), die mir freundlicher Weise einen seperaten Raum zum konzentrierten Arbeiten zur Verfügung stellten.

Raju und Praveen Galagali gemeinsam mit ihrem **Stv. Manager Deepak Gangolia** von **Universal Advertising**, die mir nicht nur eine ruhige Ecke zum Arbeiten gaben, sondern mir beim Installieren der Hindi „Shusha-Fonts" und beim Verschicken von E-mails nach Deutschland behilflich waren.

Dr. Bahadur Singh aus Reinbek für seine Geduld und Hilfsbereitschaft. Er hat mir beim Korrekturlesen der Hindiwörtern sehr geholfen.

Meiner Schwester **Rajeshwari und ihrer Familie** in Chennai für ihre moralische Unterstützung, für die Benutzung ihres PC's sowie für das gute „Madrasi-Essen".

Vidya S. Iyer, meine Schwägerin, die manchmal meine ungeduld hinnehmen musste. Während wir gearbeitet haben, hat sie uns mit exzellentem Essen verwöhnt.

Last but not the least, **Gerda Dehnhardt** und **Susanne Wagener** aus Hamburg, die sich liebevoll um meine Kater, Tiger Rex und Professor Dr. Snoopy kümmerten, während meines Aufenthaltes in Indien.

The phonetic signs and abbreviations used in this book:

^ This sign placed over a character indicates: „**short**" pronounciation.
_ This sign placed over a character indicates: „**long**" pronounciation.
~ This sign placed over a character indicates: „**nasalized**" pronounciation.

Abbreviatons: (m) = male; (f) = female, (m+f) = male and female,
(med) = medical, engl. = English, (rel.) = religion.

Acknowledgements

A number of persons were directly or indirectly involved in this book project.
I would like to thank all of them for their valuable help and moral support:

Iyer, Subramaniyam, my younger brother for professionally managing the whole project, coordinating and delegating work to his team.

Shanmugam Pillai and **Yatish Nakhwa** Graphic Artists and DTP experts. They are truly considered to be the quickest and very efficient persons in their metier.

Mrs. Apte and her assistants **Tripthi und Sonya of Reliance World**
(Cyber Café), who offered me a room so that I could work without disturbances.

Raju and **Praveen Galagali** along with their **Asst. Manager Deepak Gangolia** of **Universal Advertising**, who not only provided me a quiet place to work and good coffee but also helped me install the Hindi „Shusha-Fonts". They also sent my emails to Germany.

Dr. Bahadur Singh from Reinbek for proof-reading the Hindi section of this book.
I shall alway be grateful to him for all his help and encouragement.

My sister **Rajeshwari** and her **Family** in Chennai for their moral support, for allowing me to use their PC as well cooking good „Madrasi" food.

Vidya S. Iyer, my sister-in-law who sometimes had to put with my impatience.
While we worked, she provided us with „excellent" food.

Last but not the least: **Gerda Dehnhardt** and **Susanne Wagener** from Hamburg, who looked after my tomcats, Tiger Rex and Professor Dr. Snoopy while I was in India.

CONSULATE GENERAL OF INDIA

Raboisen 6, 20095 Hamburg, Germany
Tel: 0049-40-338036/324744/330557
Fax: 0049-40-323757
Email: cgihh@aol.com

सत्यमेव जयते

11th May, 2007

The German - Hindi - English dictionary with over 3000 words, compiled by Vasanta Iyer, consists of two parts. The first part deals with learning of the "Devanagari" script and to write it. The second part has the dictionary. The transliteration both in English and German makes it simple to pronounce the Hindi words correctly.

With the experience of writing two books on the Hindi language, Vasanta Iyer is once again bringing out a book to help people interested in learning Hindi.

wish Vasanta Iyer best of the best and the German-Hindi-English dictionary a great success.

(Dr. B. M. Vinod Kumar)
Consul General

CONTENTS

INHALTSVERZEICHNIS

VORWORT

Endlich da... ein „kompaktes Hindi-Wörterbuch" in Deutsch und Englisch!

Obwohl das Computer-Zeitalter schon lange Einzug gehalten hat und Information „online" vom Bildschrim abgelesen wird, bleibt die Nachfrage für „Gedrucktes" wie Zeitungen, Zeitschriften und Bücher stabil und anhaltend. Durch die Globalisierung und das Näherrücken der Länder ist die Kommunikation zwischen den Völkern sehr wichtig geworden. Viele Menschen arbeiten überall auf der Welt und lernen daher Fremdsprachen. Dafür benötigen sie Nachschlagwerke wie Wörterbücher.

Was die Sprache „Hindi" angeht, sind die meisten Wörterbücher in Englisch, da viele Englisch verstehen. Jedoch würden diese Menschen bevorzugt die Wörterbücher in ihrer Muttersprache kaufen, wenn es sie gäbe. Ich freue mich, mit diesem Wörterbuch in Deutsch und Englisch, einen kleinen Beitrag in dieser Richtung gemacht zu haben.

Mein erstes Hindibuch in der deutschen Sprache **„Man nehme Hindi"** enthält ein Phonetik-Wörterbuch mit über 6000 Eintragungen und über 300 Hindisätzen. Ende 2006 erschien ein zweiter Hindisprachführer und Reisebegleiter **„Hindi Quick & Easy"** in Deutsch und Englisch. Auch dieses Buch hat Glossare, Konversationsteile mit Hindi-Wortlisten und die entsprechenden Aussprache-Hilfen. Kurz nach Erscheinung des Werkes entschloss ich mich ein Hindi-Wörterbuch in zwei Sprachen zusammenzustellen. So, nun ist es da ... dieses „kompaktes Wörterbuch" in Deutsch und Englisch!

Als ein Versuch aus Kostengründen habe ich die Gestaltungs- arbeiten von Hamburg nach Mumbai verlagert. Mit Hilfe von talentierten und innovativen Indern wurde dieses Nachschlagewerk fertiggestellt. Dieses Wörterbuch hat zwei Teile. Der erste Teil, aus meinem zweiten Buch „Hindi Quick & Easy" entnommen, enthält eine ausführliche Erläuterung der Hindisprache, Alphabet und dessen Schreibeweise. Am Ende des Buches gibt es Übungsbögen dafür. Der zweiter Teil enthält über 3000 Eintragungen, sortiert nach Bereichen aus dem Alltag.

Mit Sicherheit wird dieses Nachschlagewerk für Indien-Reisende, Geschäftsleute, Studenten und auch für diejenigen, die Hindi lernen wollen, nützlich sein.

Ihnen wünsche ich toi, toi, toi und einen guten Anfang für Ihr Studium dieser Weltsprache par excellance!

Ihre Meinung würde mich schon interessieren:
vasantaiyer@aol.com

Vasanta Iyer

PREFACE

So now it's there ... the „Compact Hindi Dictionary" in English and German!

Even though the computer era has long dawned on us homosapiens and information can be obtained „online", the demand for the print media, be it newspapers, magazines or books, hasn't diminished.

Due to globalisation, countries are getting closer to each other and the communication between people has become extremely important. So for this purpose, people are learning foreign languages. Learning a language means using reference books and dictionaries. Foreign language dictionaries including those for Hindi and other Indian languages, are mostly in English. This is because many people the worldover can understand, read and speak English. However, if given a choice, they would prefer to purchase such dictionaries in their native tongues.

In my first book for German speakers, „**Man nehme Hindi**" there is a phonetic-dictionary of over 6000 words and over 300 sentences and phrases commonly used. My second Hind bi-lingual language book and travel guide, „**Hindi Quick & Easy**" which was published at the end of 2006, has a large section on India and about travelling to India. Besides, there are glossaries and conversation chapters with the necessary English transliteration.

Shortly after its publication, I decided to compile a compact dictionary in German and in the English languages. So now it's there, this „Compact Hindi Dictionary"! As a first attempt and also considering the high cost for graphic artists in Germany, the work of designing this book was outsourced to Mumbai where with the help of highly talented and innovative people, this dictionary was completed.

The dictionary has two sections. The first section on the Hindi language and alphabet has been taken from my book „Hindi Quick & Easy". In the second section, there is a classified dictionary with over 3000 words. This dictionary will be useful for tourists, students and business travellers. Whatever your intention may be, I wish you a good start in learning Hindi, the third most spoken language of the world!

Should you want to make comments on my book, I'd be happy to receive your emails: **vasantaiyer@aol.com**

Vasanta Iyer

* Corporate - Product : Documentaries

* Training Films: Customer care, Technical training, Sales - Marketing training

* Developing special multimedia Training tools for: Technical and Service personnel, Machine / Equipment / Appliance Installation

* Innovative Television Programs

* We also specialize in Design and Manufacturing of Audio chip based Electronic Devices as Advertising - Marketing Services, Information Stations.

* We also offer our Services for Scripting and Dubbing in English and all Indian Languages.

A Multimedia Production Company
Excellence in Innovation

B-11 / A-11, Natraj Society, Panchpakhadi,Thane (West) 400602
Tel: 009122-25447256, 009122-25453001 Cell: 0091 - 9820500364
Email: sharpf2003@yahoo.co.in

HINDISPRACHE UND ALPHABET

1

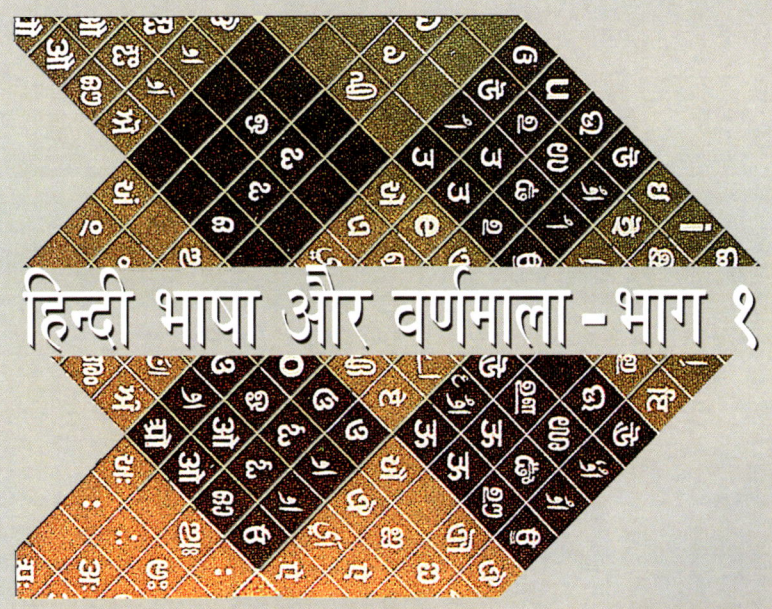

हिन्दी भाषा और वर्णमाला - भाग १

1

HINDI LANGUAGE AND ALPHABET

Hindi, die Nationalsprache Indiens, entstand aus dem klassischen **Sanskrit**. Hindi erlebte seine Blütezeit ca. 400 v. Chr. Der Name der Hindi-Schrift **Dewanagarie** – देवनागरी bedeutet wortwörtlich: Gottes-Stadt oder göttlich Städtische (**dēwā** – Gott bzw. göttlich / **nāgārrie** – Stadt bzw. Städtische). Sie entstammt ursprünglich aus der **Brahmi-Schrift**, entwickelt von Kaiser Ashokas, der von 280 bis 232 v. Chr. lebte. Die **Dewanagarie-Schrift** wird auch in den indo-arischen Sprachen **Nepali** und **Marathi** angewandt. Wie Deutsch ist Hindi eine phonetische Sprache, d.h. sie wird gesprochen wie sie geschrieben wird. Hindi wird grundsätzlich klein geschrieben und von links nach rechts. Obwohl die Schrift ungewöhnlich aussieht, ist sie leicht erlernbar. Was das Sprechen und den Wortschatz angeht, gibt es regionale Abweichungen.

Hindi, the national language of India, orginates from the classical **Sanskrit** language and came in to existence long before the Christian era. Around 400 BC., the influence of Hindi reached its climax. The Hindi script **Devanagari** देवनागरी literally means god's state or divine town (**dēvā** – god, resp. divine / **nāgāri** – state or town) was derived originally from the **Brahmi** script that was developed by Emperor Ashoka (280 – 232 BC). The **Devanagari script** is also used for writing in the Indo-Aryan languages **Nepali** and **Marathi**. Like German, Hindi is a phonetic language, i.e. Hindi characters are pronounced as they are written from left to right and in small letters. Although the Hindi characters are unfamiliar, the writing is easy to learn. So far as the speaking and vocabulary are concerned, there are regional differences.

Das Hindi-Alphabet   वर्णमाला   The Hindi Alphabet

Das Hindi-Alphabet **Warnamala** besteht aus 52 Buchstaben, 16 Vokalen und 36 Konsonanten. Von den 16 Vokalen werden meistens 12 gebraucht, die **kurz** (^) oder **lang** (–) ausgesprochen werden. Es gibt zwei Vokalformen, die Vollform bzw. Vollvokale, wobei die Vokale **Selbstlaute** sind, und die unvollständigen Vokalformen, bzw. Vokalzeichen, die vor oder hinter dem Konsonanten angehängt werden. Die Vokalzeichen verhelfen den Konsonanten zur Wortbildung. Für die Konsonantenliste mit Vokalzeichen siehe **Seiten 24-27**

ॐ
क ख ग
घ च छ ज झ ट
ठ ड ढ ण त थ द ध
फ ब भ म य र ल व श
प स ह क्ष त्र ज्ञ श्र
अ आ इ ई उ ऊ
ए ऐ ओ औ अं
अः
ॐ

The Hindi Alphabet **Varnamala** consists of 52 characters. Of these 16 are vowels, followed by 36 consonants. Hindi has **short** (^) and **long** (–) vowels of which 12 are most frequently used. There are two types of vowels in Hindi, the full and independent vowels where syllables are **individual sounds** and the short, respectively the dependent vowel signs which are positioned before or after the consonant character. Vowel signs help consonants build new words. Refer to **pgs. 24-27** for consonants with vowel signs.

List of Vowels

Vollvokale स्वर Independent vowels

Lautumschrift / Aussprache			phonetic / pronounciation	
å	Elke, Melke, Nelke	अ	å	but, cut
à (aa)	Ast, rast, fast	आ	à (aa)	bar, car, far
i	irr, wirr	इ	i	jill, kill, fill
ī (ii) (ie)	Diele, Siele, viele	ई	ī (ii) (ee)	heat, seat, beat
u	Kuss, muss	उ	u	pull, bull
ū	Kuh, Ruh	ऊ	ū	rule, fool
é	Emil, Eberhard	ए	è (ee)	may, ray, say
ei	Ei, Mai	ऐ	ai	sigh, high
ö	Orange, Osaka	ओ	öh	float, boat, coat
au	Aura, August	औ	au	how, now, wow
åm / ån	Amme /Anne	अं	åm / ån	hammer / hanger
åhà	Ahaa	अः	åhà	ahaa

Unvollständige Vokalzeichen / Dependent vowel signs

(Aussprache entspricht Vollvolkalen) (Same pronounciation as independent vowels)

ा	ā (aa)	ि	i	ी	ī (ii) (ie) (ee)
ु	ū	◌	ū	◌	ē
◌	ei (ai)	ो	ö	◌	au
.	åmm (åm) / ånn (ån)	:	åhā (åhaa)		

Die Aussprach-Symbole:		The Phonetic-Symbols:	
aa, ā, ē, ī, ii (ie), ō, ū	= lang aussprechen	aa, ā, ē, ī, ii (ee), ō, ū	= long pronounciation
å, è, i, ö, û	= kurz aussprechen	å, è, i, ö, û	= short pronounciation
ã, ē, ī, õ, ū	= nasal aussprechen	ã, ē, ī, õ, ū	= nasalized pronounciation

Die Vokale

Wie das Deutsche hat Hindi lange und kurze Vokale. **Langvokale (ā, ē, ī, ō, ū)** werden wie: Kater, Besen, siegen, oben und Ruder ausgesprochen. Bei **einsilbigen Wörtern** hat der Langvokal die **volle Länge**: āp (Sie) आप, pāp (Sünde) पाप; pēt (Magen) पेट, nēk (anständig) नेक; dschī (ja) जी, īkh (Zuckerrohr) ईख, ōm (Gebet) ॐ, wō (der da) वो, mūntch (Schnurrbart) मूंछ, phūl (Blume) फूल, khūn (Blut) खून. Bei den **zweisilbigen Wörtern** hat der erste Langvokal die **volle Länge**, der letzte aber nur die **halbe Länge**: Rāmā (Gott) रामा, sēwā (Dienst) सेवा, rānī (Fürstin) रानी, pānī (Wasser) पानी, rōtī (Brot) रोटी, mōtī (Dicke) मोटी, dschūtie (Falsche) झूठी. Bei den **mehrsilbigen Wörtern** haben Langvokale die **halbe** Länge: aijē (kommen Sie) आइए, dschājījē (gehen Sie) जाइए, sāmmdschānā (erklären) समझाना, sūhānā (schön) सुहाना.

Die **Kurzvokale** haben keine vergleichbaren Laute, ähneln aber: (ă) Sprache, Tasse, (ĕ) wird geschlossener gesprochen, wie leben, fegen; (ĭ) ist wie Sinn, Kinn; (ŏ) wird kurz gesprochen wie: öffen, höffen; (ŭ) gleicht: Mund, rund. Die Kurzvokale werden geschlossener als die langen Vokale, aber offener als die Konsonanten gesprochen: ăgărr (wenn) अगर, sărr (Kopf) सर, bĕhĕnn (Schwester) बहन, pĕhĕtschan (bekannt) पहचान, dĭnn (Tag) दिन, bĭnn (ohne) बिन, kŭttchh (etwas) कुछ.

Die **Nasalvokale** werden durch die Nase gesprochen. Je nach Wort ist die Nasalierung unterschiedlich stark. Das Nasalzeichen, **tchănndră-bĭnndū** (ं) wird oberhalb des Silbenzeichens gesetzt: Mā (Mutter) माँ, kāntā (Gabel) कांटा. Steht ein Zeichen oberhalb des Querstriches, wird das Silbenzeichen mit einem Punkt **bĭnndū**, (ं) versehen: năhie (nein) नहीं, kăhie (sagte) कहीं, sŏnf (Anis) सौंफ.

The Vowels

As in English there are long and short vowels in Hindi. **Long vowels**: The vowel sounds ā, ē, ī, ō, ū are pronounced in a similar way like: cār, sāy, mē, nō and dū. In a **single syllable word** long vowels have their **full** sound length: āp (you) आप, pāp (sin) पाप; pēt (stomach) पेट, nēk (decent) नेक; jī (yes) जी, īkh (sugarcane) ईख, ōm (first word in a prayer) ॐ, vō (he) वो, mūnch (moustache) मूंछ, fūō (flower) फूल, khōōn (blood) खून.

In a **two-syllable word,** the first long vowel has it's full sound length, whereas the last one only has **half**: Rāmā (god) रामा, sēvā (service) सेवा, rānī (princess) रानी, pānī (water) पानी, rōtī (bread) रोटी, mōtī (fat woman) मोटी, jūtie (false person) झूठी.

In a **multi-syllable word,** all long vowels have only **half** their sound length: āiyē (please come) आइए, jāiyē (please go) जाइए, sāmjānā (explain) समझाना, sūhānā (beautiful) सुहाना.

The **short vowels** of Hindi have nothing comparable in English but are close to it: (ă) bŭt, cŭt; (ĕ) is pronounced short and precise: Bĕn, fĕnce; (ĭ) is like: kĭll, fĭll; (ŏ) is voiced short like: ŏften, cŏugh; (ŭ) is similar to: fŭll, pŭll. Short vowels are pronounced more precisely than the long ones, but sound longer than the consonants: ăgăr (if) अगर, săr (head) सर, bĕhĕn (sister) बहन, pĕhĕchan (known) पहचान, dĭn (day) दिन, bĭn (without) बिन, kŭchh (something) कुछ.

The **nasalized vowel** sounds are produced in the nose whereby some air escapes. As per the word, nasal sounds vary. The nasal sign **chāndrābĭndū** (ं) is placed over the head stroke of a character: Mā (mother) माँ, kāntā (fork) कांटा. If the character has a superscript, a dot (ं) **bĭnndū**, is placed over the headstroke: năhii (no) नहीं, kăhii (said) कहीं, sŏnf (anis) सौंफ.

Die Konsonanten	व्यंजन	The Consonants
Lautumschrift / Aussprache		**Phonetic / Pronounciation**

Lautumschrift	Aussprache		Phonetic	Pronounciation
kå	Elke / Nick	क	kå	curd, curve
khå	Ach, Rauch	ख	khå	khaki
gå	Geige, Neige	ग	gå	ground, goose
ghå	Flughafen,	घ	ghå	aghast
tchå	Charles	च	chå	chess, charm
tchhå	Matsch	छ	chhå	bitch, witch
dschå	Jalousie	ज	jå	Jerk, just, jury
dschhå	Orange, Garage	झ	jhå	nudge, budge
tå[1]	Takt	ट	tå[1]	tight, tiger, tired
tthå[1]	Theodor	ट	ttå[1]	tug, tag, anti
då[1]	Dach, Ding	ड	då[1]	dirty, diary, date
ådå[1]	Deidesheim	द	ådå[1]	die, dim
åñå	Ananas	ण	åñå	another
tå[2]	Talisman, Tafel	त	tå[2]	Italy
thå[2]	Theater	थ	thå[2]	thesaurus, thing
då[2]	Deich	द	då[2]	the
dhå[2]	damals	ध	dhå[2]	Durham
nå	nein, nicht	न	nå	no, nib, nine
på	Pappe, Kappe	प	peu	pipe, pick
få	Feuer, fremd, Freund	फ	få	father, firm
bå	Bier, Bauch, Biegel	व	bå	baby, bag, bug
bhå[4]	Busch	भ	bhå[4]	about
må	Mutter, Melanie, Mine	म	må	may, me

1), 2), 3) und 4) Aussprache annähernd wiedergegeben. 1), 2), 3) and 4) pronounciation is close but not exact.

Die Konsonanten	व्यंजन	The Consonants
Lautumschrift / Aussprache		**Phonetic / Pronounciation**

jê	Ant<u>je</u>, <u>J</u>agd	य	yâ	year, yard, yummy
râ	<u>R</u>om, <u>R</u>arität	र	râ	rabbit, rat, rule
lâ	<u>L</u>ärm, <u>L</u>ast, Hoh<u>l</u>	ल	lê	light, lamb, look
wâ	<u>W</u>urm, <u>V</u>erona,	व	vê	very, vessel, vast
sch	<u>Sch</u>ule, <u>Sch</u>ande	श	sh	shield, shut, shoe
shh[1]	<u>Sch</u>ale, <u>Sch</u>achtel	प	shh	shrewd, shine
sâ	Ta<u>ss</u>e, Ka<u>ss</u>e	स	sâ	saint, soul, sun
hâ	<u>H</u>ochzeit, <u>H</u>ase	ह	hâ	Harry, hat, hut
kschâ[3]	A<u>kt</u>-<u>Sh</u>ow	क्ष	âkshâ[3]	action
trâ[3]	<u>Tr</u>ubel, <u>Tr</u>aude	त्र	trâ[3]	tractor, try, trial
gyê[3]	G<u>ui</u>llaume, G<u>i</u>er	ज्ञ	gyear[3]	gyänee (learned person)
schrâ	<u>Schr</u>ulle, <u>Schr</u>aube	श्र	shrâ	shroud, shrine

1), 2), 3) und 4) Aussprache annähernd wiedergegeben. 1), 2), 3) and 4) pronounciation is close but not exact.

Erläuterung zur Aussprache

Durch die Bewegung der Artikulierungs- und Atmungsorgane werden, je nach dem Bereich, aus dem sie kommen, **Sprechlaute** gebildet. Hindi unterscheidet zwischen behauchten und unbehauchten Sprechlaute. Bei den behauchten Konsonanten wird ein hörbares "**h**" mitausgesprochen. Bei der Aussprache der [1]**Retroflexe**, [2]**Dentale**, [3]**Komposition** und [4]**Labiale** gibt es im Deutschen keine vergleichbaren Laute. Die Aussprechhilfen geben den Lautwert daher nur annähernd wieder. Die Konsonanten sind in 5 Kategorien unterteilt **(Tabelle mit Erläuterung auf Seite 22)**.

About the pronounciation

Through the movements of the articulating organs and through aspiration, sounds are produced. In the Hindi language aspirated sounds have an "**h**" which should be stressed. So far as pronounciation of the consonants are concerned, there aren't any equivalents for [1]**retroflex sounds** for [2]**dental sounds**, [3]**compound sounds**, and for [4]**labial consonant sounds**. Hence the pronounciations are just examples that come close to the original Hindi sounds. The consonants sounds are classified in five categories (**refer to table on page 22**).

Das Schreiben der Dewanagarie
Writing in the Devanagari

Das Schreiben der **Dewanagarie-Schrift** ist nicht schwierig. Nehmen Sie am besten statt Kugelschreiber oder Bleistift eine breite Feder, damit die feinen Details der Schrift hervorgehoben werden können. Um eine Gleichmäßigkeit der Tintenstriche zu erzielen, tauchen Sie die Feder öfter in ein Tintenfass. Als Alternative zur Feder empfiehlt sich auch ein Füllfederhalter, der für die Kalligraphie geeignet ist. Da die Feder gerade ist, müssen Sie sie bei der Federführung in einem Winkel von ca. 45° halten. Zum Üben und zur richtigen Positionierung der Zeichen brauchen Sie Papier mit Hilfslinien.

Während die Hauptteile der Zeichen der **Dewanagarie** in der Mitte der Zeilen geschrieben werden, wird sie oberhalb durch einen waagerechten Abschlussstrich, der von links nach rechts gezogen wird, begrenzt. Die Bögen in den Buchstaben werden von oben über die Mitte nach unten gezogen. Für den waagerechten Abschlussstrich, muss die Feder schräg nach links gehalten werden. Dabei biegt sich der Zeigefinger zur Daumenspitze hin. Die Vokalzeichen, die einem Konsonanten folgen, werden oberhalb des Abschlussstriches, wie z. B. bei (**kē** क) oder unterhalb der Zeichen, wie z.B. bei (**kū** कृ) oder rechts neben den Konsonanten wie z.B. bei (**kie** की) gesetzt. Bei den kurz ausgesprochenen Konsonanten (**kï** कि) kommt das Vokalzeichen vor dem Konsonanten. Für die Senkrechtstriche, die rechts vom Konsonantenzeichen gesetzt werden, halten Sie die Feder gerade und ziehen Sie den Strich von oben nach unten. Das Konsonantenzeichen wird zunächst geschrieben, dann folgt das Vokalzeichen und am Ende wird der Abschlussstrich gezogen.

Writing in the **Devanagari-Script** is not at all difficult. Use a broad-nibbed pen rather than a ball point pen or a pencil to accentuate the finer details of the script. In order to maintain the evenness of the ink strokes, often dip the nib in an inkpot. As an alternative you can use a calligraphy pen with an ink-cartridge where the ink flows evenly on to the page. Since the nib is straight it has to be held at an angle of 45°. For practicing writing and for the purpose of correct positioning of the characters, you need a transcription writing book, which children learning to write, normally use in schools.

Whereas the main parts of the characters of the **Devanagari** are written in between the lines, the horizontal terminating line which is drawn from left to right on the top of the characters, limits a further projection.

The curves in the characters start from above, turn to the middle and end right below.

For drawing the horizontal terminating line, hold the nib towards the left side at an oblique angle. The index finger is thereby inclined to the tip of the thumb. The vowel sign which follows a consonant character is either placed above the terminating line for e. g. in (**kē** क) or below the consonant for e. g. in (**kū** कृ) or on the right side of the consonant as in (**kii** की). In case of a short consonant like (**kï** कि), the vowel sign precedes the consonant character. To draw a vertical line on the right side of the consonant, hold the nib straight and start from above to below.

At first the consonant character is written, then follows the vowel sign on its right side. Finally the terminating line is drawn.

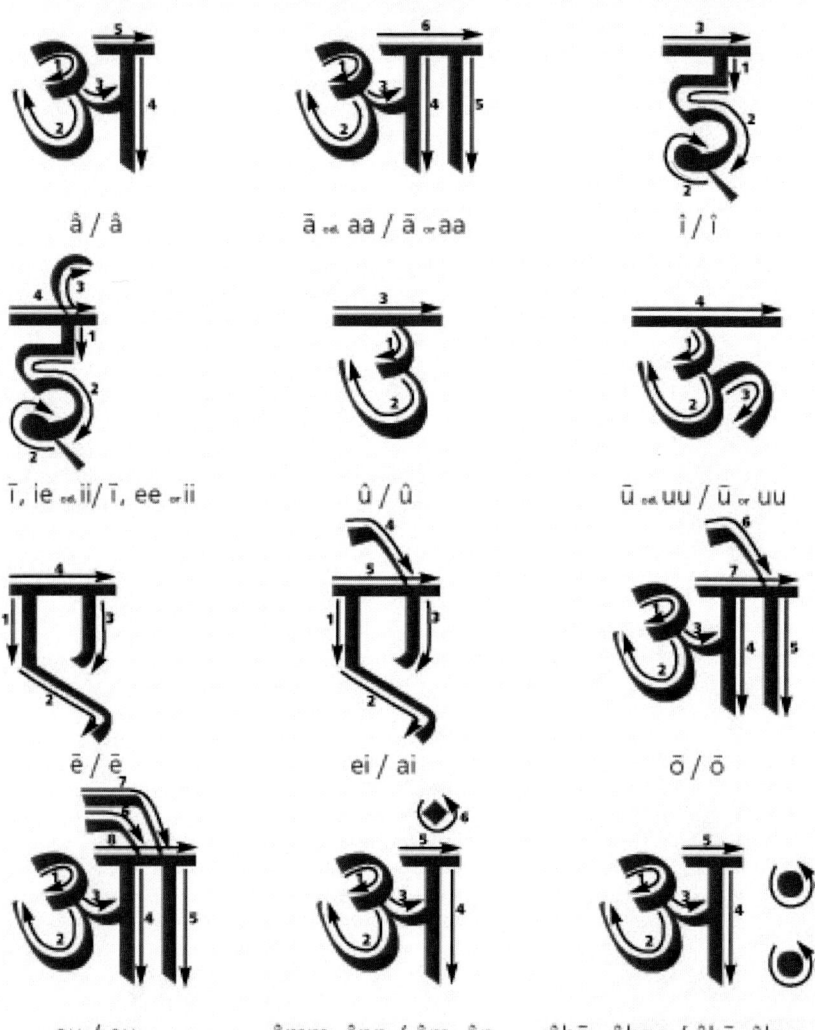

å / å

ā eff. aa / ā or aa

î / î

ī, ie eff. ii / ī, ee or ii

û / û

ū eff. uu / ū or uu

ē / ē

ei / ai

ō / ō

au / au

åmm, ånn / åm, ån

åhā , åhaa / åhā, åhaa

Bitte den Pfeilen folgen

Please follow the arrows

kâ / kâ

khâ / khâ

gâ / gâ

ghâ / ghâ

tchâ / châ

tchhâ / chhâ

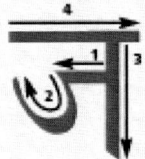

dschâ / jâ

dschhâ / jhâ

ttâ / ttâ

tthâ / tthâ

dâ / dâ

ddâ / ddâ

Bitte den Pfeilen folgen → **Please follow the arrows** →

åñå / åñå   tå / tå   thå / thå

då (the) / då (the)   dhå / dhå   nå / nå

på / på   få / få   bå / bå

bhå / bhå   må / må   jå / yå

Bitte den Pfeilen folgen ➤   **Please follow the arrows** ➤

rå / rå

lå / lå

wå / vå

schå / shå

schå / shå

så / så

hå / hå

kschå / kshå

trå / trå

gjā / gyā

schrå / shrå

Have a break, behold this CHIC CAT!

Bitte den Pfeilen folgen

Please follow the arrows

Konsonanten-Kategorien   Consonant-Categories

hc

Kategorie / Category	stimmlos, nicht aspiriert / voiceless un-aspirated	stimmlos, aspiriert / voiceless aspirated	stimmhaft, nicht aspiriert / voiced, un-aspirated	stimmhaft, aspiriert / voiced, aspirated	nasal / nasalized sounds
1	क kâ	ख khâ	ग gâ	घ ghâ	ङ nâ*
2	च tchâ	छ chhâ	ज dsch	झ dschh	ञ nâ*
3	ट Tâ	ठ Ttâ	ड Dâ	ढ Dhâ	ण ânâ
4	त tâ	थ thâ	द dâ	ध dhâ	न nâ
5	प pâ	फ fâ	ब bâ	भ bhâ	म mâ

*Diese Konsonanten sind aus dem Sanskrit und werden in Hindi selten gebraucht.
*These consonants are from Sanskrit and are seldom used in Hindi.

Laryngale: Laute kommen aus dem hinteren Mund- und Rachenraum.
Velars: Sounds produced deep inside the throat. The back of the tongue touches the soft palate.

Palatale: Berührung des Zungenrückens mit dem Gaumen.
Palatals: Back of the tongue touches the hard palate.

Retroflexe: vorderer Zungenteil wird hochgebogen und berührt den harten Gaumen.
Retroflexes: The curled front of the tongue touches the upper hard palate.

Dentale: Zungenspitze berührt leicht die oberen Schneidezähne.
Dentals: Tip of the tongue lightly touches the upper teeth.

Labiale: Leichte Berührung der Unterlippe mit der Oberlippe.
Labials: Underlip lightly touches the overlip.

Kategorie 6 / Category 6

Semi-Vokale / Semi-vowels	य jâ	र râ	ल lâ	व wâ
Zischlaute / Sibilants	श shâ	ष shhâ	स sâ	
Kompositionen / Compound-Consonants	क्ष kshâ[1]	त्र trâ[1]	ज्ञ gyâ[1]	श्र shrâ[1]

'Diese Konsonanten sind Kompositionen aus mehreren Lauten.
'These consonants are compound consonants having more than one sound.

hâ Der Laut des obigen Konsonanten wird behaucht ausgesprochen.

hâ The above is a consonant character that produces an aspirated sound.

Die Konsonanten werden in sechs Kategorien, die Verschlusslaute in stimmhaft, stimmlos und nasal unterteilt. Bei den ersten fünf Kategorien der Konsonanten handelt es sich um die so genannten **Stops**. Bei der Aussprache wird die Luft, die aus dem Mund ausweichen will, angehalten. Bei den Nasallauten in der fünften Spalte entweicht die Luft durch die Nase, während sie zum Teil im Mund angehalten wird.

Die Hindi-Konsonanten der **K-Kategorie** werden **Laryngale** genannt. Der Laut wird im hinteren Mund- und Rachenbereich gebildet. Dabei berührt der Zungenrücken leicht den oberen Gaumen. Die Konsonanten der **C-Kategorie** sind **Palatale**. Die Laute werden am oberen harten Gaumen durch die Berührung des Zungenrückens gebildet und ähneln den englischen „c" und „ch" Laute.

Die **Retroflexe** der **T- Kategorie** sind typisch für Hindi. Es gibt weder vergleichbare Laute im Englischen noch im Deutschen. Die korrekte Aussprache der Retroflexe kann nur im Unterricht erlernt werden. Beim Aussprechen dieser Laute rollt die Zungenspitze nach hinten und berührt dabei den harten Gaumen. Die richtige Aussprache lernt man am besten in einem Sprachkurs.

Bei den **Dentalen** der **t-Kategorie** werden die Laute an den oberen Schneidezähnen gebildet. Die Zungenspitze berührt die Schneidezähne leicht und zieht sich dann schnell zurück.

Die **Labiale** der fünften **p-Kategorie** werden gebildet, indem die Unterlippe leicht mit der Oberlippe in Berührung kommt. Nur bei der Aussprache des Konsonanten „f" ist auch ein Zischlaut zu hören. Labiale gibt es auch in den europäischen Sprachen.

The consonants are sub-divided into six categories. The so-called **stops** of the first five categories are divided in to voiced, voiceless and nasal. The air tries to escape but is held in the mouth for a short while. So far as the **nasalized-sounds** of the 5th column are concerned, air escapes through the nose. Consonants are either aspirated or un-aspirated. While pronouncing the aspirated consonants the „h" should be stressed.

In the first **K-category** the consonants are called **Velars**. The sounds are produced far inside the mouth and throat. The back of the tongue thereby touches the upper palates. The consonants in the **C-category** are called **Palates**. The sounds are produced in the upper palate region. The back of the tongue lightly touches the upper palates. The sounds are similar to the English sounds of „c" and „ch".

The **Retroflexes** of the **T-category** are typical for Indian languages. There are no similar sounds, neither in English nor in German. The correct pronounciation of retroflexes can only be learnt in a language course. The tip of the tongue rolls backwards and touches the upper palate.

The **Dentals** of the **t-category** are soft dental sounds where the tip of the tongue lightly touches the teeth and quickly withdraws itself.

The **Labials** of the fifth **p-category** are sounds also used in European languages. The labial sounds are produced when the under lip lightly touches the upper lip. Only the sound of „f" also has a sibilant sound in addition.

	German	English
क	kā	kā
ख	khā	khā
ग	gā	gā
घ	ghā	ghā
च	tchā	chā
छ	tchhā	chhā
ज	dschā	jā
झ	dschhā	jhā
ट	ttā	ttā

Consonant											
क	kā / kā	ki / ki	kī / kī	kü / kü	kü / kü	kie / kii	ke / ke	kö / gay	kai / kai	kö / kö	kāmm / kām	kāhā / kāhā
ख	khā / khā	khi / khi	khī / khī	khü / khü	khü / khü	khie / khee	khe / khe	khö / khay	khei / khai	khö / khö	khāmm / khām	khāhā / khāhā
ग	gā / gā	gi / gi	gī / gī	gü / gü	gü / gü	gie / gee	ge / ge	gö / gay	gai / gai	gö / gö	gāmm / gām	gāhā / gāhā
घ	ghā / ghā	ghi / ghi	ghī / ghī	ghü / ghü	ghü / ghü	ghie / ghee	ghe / ghe	ghö / ghö	ghei / ghai	ghö / ghö	ghāmm / ghām	ghāhā / ghāhā
च	tchā / chā	tchi / chi	tchī / chī	tchü / chü	tchü / chü	tchie / chii	tche / chei	tchö / chö	tchei / chai	tchö / chö	tchāmm / chām	tchāhā / chāhā
छ	tchhā / chhā	tchhi / chhi	tchhī / chhī	tchhü / chhü	tchhü / chhü	tchhie / chhee	tchhe / chhe	tchhö / chhay	tchhei / chhai	tchhö / chhö	tchhāmm / chhām	tchhāhā / chhāhā
ज	dschā / jā	dschi / ji	dschī / jī	dschü / jü	dschü / jü	dschie / jii	dsche / jei	dschö / jay	dschei / jai	dschö / jö	dschāmm / jām	dschāhā / jāhā
झ	dschhā / jhā	dschhi / jhi	dschhī / jhī	dschhü / jhü	dschhü / jhü	dschhie / jhii	dschhe / jhei	dschhö / jhö	dschhei / jhai	dschhö / jhö	dschhāmm / jhām	dschhāhā / jhāhā
ट	ttā / ttā	tti / tti	ttī / ttī	ttü / ttü	ttü / ttü	ttie / ttii	tte / tte	ttö / ttö	ttei / ttai	ttö / ttö	ttāmm / ttām	ttāhā / ttāhā

	a	ā	i	ī	u	ū	e	ai	o	au	aṃ	aḥ
ठ	ttha	tthā	tthi	tthii	tthu	tthū	tthe	tthei	ttho	tthau	tthām	tthāhā
ड	da	dā	di	dii	du	dū	de	dei	do	dau	dām	dāhā
ढ	dda	ddā	ddi	ddii	ddu	ddū	dde	ddei	ddo	ddau	ddām	ddāhā
ण	aña	añā	añi	añii	añu	añū	añe	añei	año	añau	añām	añāhā
त	ta	tā	ti	tii	tu	tū	te	tei	to	tau	tām	tāhā
थ	thha	thhā	thhi	thhii	thhu	thhū	thhe	thhei	thho	thhau	thhām	thhāhā
द	da	dā	di	dii	du	dū	de	dei	do	dau	dām	dāhā
ध	dha	dhā	dhi	dhii	dhu	dhū	dhe	dhei	dho	dhau	dhām	dhāhā
न	na	nā	ni	nii	nu	nū	ne	nei	no	nau	nām	nāhā
प	pa	pā	pi	pii	pu	pū	pe	pei	po	pau	pām	pāhā
फ	fa	fā	fi	fii	fu	fū	fe	fei	fo	fau	fām	fāhā

Konsonanten mit Vokalzeichen — Consonants with Vowels-Signs

बारहखड़ी

Konsonant		ा	ि	ी	ू	ू	े	ै	ो	ौ	ं	ः
German / English												
ब	bä / bä	bä / bä	bi / bi	bie / bii	bü / bü	bö / bö	bö / bay	bei / bai	bö / bö	bau / bau	bämm / bärn	bähä / bähä
भ	bhä / bhä	bhä / bhä	bhi / bhi	bhie / bhii	bhü / bhü	bhö / bhö	bhö / bhö	bhei / bhai	bhö / bhö	bhau / bhau	bhämm / bhärn	bhähä / bhähä
म	mä / mä	mä / mä	mi / mi	mie / mii	mü / moo	mö / mö	mö / may	mei / mai	mö / mö	mau / mau	mämm / märn	mähä / mähä
य	jä / yä	jä / yä	yi / yi	jie / yii	jü / yü	yoü / yoü	jö / yö	jei / yai	jö / yö	jau / yau	jämm / yärn	jähä / yähä
र	rä / rä	rä / rä	r / r	rie / rii	rü / rü	rü / rü	rö / ray	roi / rai	rö / rö	rau / rau	rämm / rärn	rähä / rähä
ल	lä / lä	lä / lä	li / li	lie / lee	lü / lu	lü / lu	lö / lö	lei / lai	lö / lö	lau / lau	lämm / lärn	lähä / lähä
व	wä / vä	wä / vä	wi / vi	wie / wee	wü / vü	wö / vö	wö / way	wei / vai	wö / vö	wow / vow	wämm / värn	wähä / vähä
श	schä / shä	schä / shä	schi / shi	schie / shii	schü / shü	schü / shü	schö / shö	schei / shy	schö / show	schau / shau	schämm / shärn	schähä / shähä

Jedes Konsonantenzeichen hat ein eingebettetes „ă", das kurz ausgesprochen wird, wie z. B. „kă" „क". Wenn in Hindi das eingebettete „ă" nicht ausgesprochen werden sollte, wird ein Schrägstrich „wirāmă", „ॣ" unter das Konsonantenzeichen gesetzt, z. B. „क्", „च्", „त्". Folgt dem Konsonanten ein Vokalzeichen, wird das eingebettete „a" mit ihm verbunden, wie z. B. „का" (क+ा) = kă, „सु" „सू" (स+ु) = sŭ, „मे" (म+े) = mē.

Every Hindi consonant has an inherent vowel „ă" within it, e.g „kă" „क". The pronounciation is rather short like the English word „addition". If the inherent vowel „ă" is not pronounced, then a „virāmă" (oblique-sign) „ॣ" is placed under the last consonant character, e.g. „क्", „च्", „त्". When a vowel follows a consonant, it is written in its dependent form as a vowel-sign and is combined with the consonant e.g. „का" (क+ा) = kă, „सु" „सू" (स+ु) = sŭ, „मे" (म+े) = mē.

Für das Lesen und Schreiben der Dewanagarie-Schrift sind die obigen Konsonantenlisten mit dem Vokalzeichen sehr nützlich. Deshalb ist zu empfehlen, sich die obere Liste einzuprägen.

The above list of consonants with vowel-signs attached is very useful for the purpose of reading and writing the Devanagarii-script, so it is advisable to memorise it.

German													German
sā	sā	sī	si	sĭ	sŭ	sŭ	sä	sö	sö	sö	sau	sämm	sähä
sā	sā	see	sī	sĭ	sŭ	sŭ	say	sö	sö	sö	sau	säm	sähä
hā	hā	hī	hi	hĭ	hŭ	hŭ	hē	hö	hö	hö	hau	hämm	hähä
hā	hā	hii	hī	hĭ	hŭ	hŭ	hay	hö	hö	hö	hau	häm	hähä
kschā	kschā	kschī	kschĭ	kschĭ	kschŭ	kschŭ	ksche	kschö	kschö	kschö	kschau	kschämm	kschähä
kshā	kshā	kshī	kshĭ	kshĭ	kshŭ	kshŭ	kshē	kshö	kshö	kshö	kschau	kschäm	kshähä
trā	trā	trī	trĭ	trŭ	trŭ	trü	trö	trö	trö	trö	trau	trämm	trähä
trā	trā	trī	trĭ	trŭ	trŭ	try	trö	trö	trö	trö	trau	träm	trähä
gjā	gjā	gjī	gji	gjü	gjü	gjü	gjö	gjö	gjö	gjö	gjau	gjämm	gjähä
gyā	gyā	gyii	gyī	gyü	gyü	gyü	gyö	gyö	gyö	gyö	gyau	gyäm	gyähä
schrā	schrä	schrie	schrü	schrü	schrö	schrö	schrei	schrö	schrö	schrö	schrau	schrämm	schrähä
shrā	shrä	shree	shrü	shrü	shrü	shray	shrai	shrö	shrö	shrö	shrau	shräm	shrähä

Konsonanten-Kombination

Wenn in einem Wort mehrere Konsonanten nacheinander folgen, das eingebettete å nicht ausgesprochen wird, dann werden die Konsonanten miteinander verbunden. Diese Buchstaben-Verbindungen werden **Ligaturen** genannt und gelten als eine Schrifteinheit. Nicht immer werden die Konsonanten mit dem **virama** (्) versehen. Es gibt verschiedene Regeln zur Bildung von Konsonanten-Kombinationen. Hierzu nachfolgend einige Ligaturen und Wortbeispiele.

kå + jå	क + य	kjå	क्य	kjä	क्या ?	Was?
kå + rå *	क + र	krå	क्र	tchåkrå	चक्र	Rad
kå + tå	क + त	ktå	क्त	råktå	रक्त	Blut
kå + ktå	क + त	ktå	क्त	wåktå	वक्त	Zeit
kå + khå	क + ख	kkhå	क्ख	måkhån	मक्खन	Butter
kå + schå	क + ष	kschå	क्ष	råkschä	रक्षा	Schutz
kå + rå +må *	क + र + म	kårrmå	क्र्म	kårrmaa	कर्मा	Tat
kå + rie *	क + ऋ	kriě	कृ	krĭschnå	कृष्ण	Krishna
gå + jå *	ग + य	gjå	ग्य	bhāgjå	भाग्य	Glück
gå + wå	ग + व	gwå	ग्व	gwälä	ग्वाला	Milchmann
tchå + tchhå	च + छ	tschhå	च्छ	swåttch	स्वच्छ	sauber / rein
tchå + tchhå	च + छ	tschhå	च्छ	åttchä ?	अच्छा ?	Was?
dschå + rå *	ज + र	dschrå	ज्र	wåddschrå	बज्र	Blitz
dschå + jå *	ज + य	dschjå	ज्य	rädschjä	राज्य	Königreich
ttå + rå *	ट + र	ttrå	ट्र	träm	ट्राम	Straßenbahn
tå + jå	त + य	tjě	त्य	tjäg	त्याग	Opfer
tå + tå	त + त	tåtå	त्त	kûttä	कुत्ता	Hund
då + dhå	द + ध	dådhå	द्ध	schûdh	शुद्ध	rein (z. B. Gewissen)
då + jå	द + य	djå	द्य	wĭdhjä	विद्या	Wissen
på + jå	प + य	pjå	प्य	pjär	प्यार	Liebe
på + rå *	प + र	prå	प्र	prēm	प्रेम	Liebe
på + rie	प + ऋ	prie	पृ	prĭthwie	पृथ्वी	Erde
bå + rå *	ब + र	brå	ब्र	brĭddsch	बिज	männl. Name
bå + rå + tå *	व + र + त	bårrtå	वर्त	bårrtånn	बर्तन	Topf
må + bå	म + ब	mbå	म्ब	låmmbä	लम्बा	groß / hoch
må + rie *	म + ऋ	mrie	मृ	mrĭthjû	मृत्यु	Tod
nå + tå	न + त	nthå	न्त	ånnth	अन्त	Ende
nå + må	न + म	nmå	न्म	dschånnmě	जन्म	Geburt
nå + då	न + द	ndå	न्द	bånndårr	बन्दर	Affe
nå + jå	न + य	njå	न्य	ånnjäjě	अन्याय	ungerecht
lå + jå	ल + य	ljå	ल्य	kålljåñ	कल्याण	Wohl
lå + lå	ल + ल	llå	ल्ल	bĭllä	बिल्ला	Kater
så + tå	स + त	sthå	स्त	nåmmåsstě	नमस्ते	(ich) grüße Sie
så + jå	स + य	sjå	स्य	sjänä	स्याना	Weise
så + må	स + म	småå	स्म	smäråkk	स्मारक	Gedenkstätte

* **Achtung:** rå र hat auch folgende Formen: ्र ्र र्

Consonant-Conjuncts

When two or more consonant-characters have no vowel-signs between them, or the inherent vowel „a" is not pronounced, then the consonant characters are joined together to form a single unit. The first consonant is practically **cut** to half its size and conjoined with the following consonant thereby giving it a double sound. For example in a word like **nå-må-stě**, you have the independantly written consonants **nå** and **må** whereas **stě** is a consonant that is conjoined as a conjunct.

kå + yå	क	+	य	kyå	क्य	kyå	क्या?	what?
kå + rå ·	क	+	र	krå	क्र	chåkrå	चक्र	wheel
kå + tå	क	+	त	ktå	क्त	råktå	रक्त	blood
kå + ktå	क	+	त	ktå	क्त	wåkt	वक्त	time
kå + khå	क	+	ख	kkhå	क्ख	måkhån	मक्खन	butter
kå + shå	क	+	ष	kshå	क्ष	råkshå	रक्षा	protection
kå + rå +må ·	क	+	र + म	kårrm	क्र्म	kårrmå	कर्म	deed
kå + rii	क	+	ऋ	krii	कृ	krîshnå	कृष्ण	Krishna
gå + yå	ग	+	य	gyå	ग्य	bhāgyå	भाग्य	luck
gå + wå	ग	+	व	gwå	ग्व	gwālā	ग्वाला	milkman
chå + chhå	च	+	छ	chhå	च्छ	swåchh	स्वच्छ	pure (clean)
chå + chhå	च	+	छ	chhå	च्छ	åcchå?	क्या?	really?
jå + rå ·	ज	+	र	jrå	ज्र	wåjrå	वज्र	lightning
jå + yå	ज	+	य	jyě	ज्य	råjyě	राज्य	kingdom
ttå + rå ·	ट	+	र	ttrå	ट्र	tråm	ट्राम	tram
tå + yå	त	+	य	tyå	त्य	tyåg	त्याग	sacrifice
tå + tå	त	+	त	tåtå	त्त	kûtā	कुत्ता	dog
då + dhå	द	+	ध	dådhå	द्ध	shûdh	शुद्ध	pure
då + yå	द	+	य	dyå	द्य	vîdhyā	विद्या	knowledge
på + yå	प	+	य	pyå	प्य	pyår	प्यार	love
på + rå	प	+	र	prå	प्र	prēm	प्रेम	love
på + rie ·	प	+	ऋ	prii	पृ	prîthvii	पृथ्वी	earth
bå + rå ·	ब	+	र	brå	ब्र	brij	ब्रिज	male name
bå + rå + tå ·	ब	+	र + त	bårtå	बर्त	bårtån	बर्तन	vessel
må + bå	म	+	ब	mbå	म्ब	låmbå	लम्बा	big/tall
må + rii ·	म	+	ऋ	mrii	मृ	mrîithyû	मृत्यु	death
nå + tå	न	+	त	ntå	न्त	ånth	अन्त	end
nå + må	न	+	म	nmå	न्म	jånmě	जन्म	birth
nå + då	न	+	द	ndå	न्द	båndår	बन्दर	monkey
nå + yå	न	+	य	nyå	न्य	ånyāyě	अन्याय	unjustified
lå + yå	ल	+	य	lyå	ल्य	kålyån	कल्याण	welfare
lå + lå	ल	+	ल	llå	ल्ल	bîllå	बिल्ला	tomcat
så + tå	स	+	त	stå	स्त	nåmåstě	नमस्ते	greetings
så + yå	स	+	य	syå	स्य	syānā	स्याना	a wise person
så +må	स	+	म	små	स्म	smaaråk	स्मारक	memorial

* **Please note:** rå र also has the following forms: ्र र् र्

Lautzeichen und Interpunktion

Punctuation and other Signs

wîsârrg विसर्ग: Dieses Zeichen wird wie ein Doppelpunkt (:) geschrieben, ohne einen Querstrich oberhalb des Zeichens zu setzen, und für den Hauchlaut „**h**" verwendet. Es befindet sich entweder am Ende eines Wortes oder zwischen zwei Silbenzeichen, wie zum Beispiel bei **dûkh** (Traurigkeit) दुःख, **tchâhâ**, (sechs) छः

wîrrâm विराम्: Ein **wîrrâm**, auch **hâllânt** हलन्त genannt, ist ein Schrägstrich (॰), der unter ein Konsonantenzeichen gesetzt wird. Dies ist der Fall, wenn das eingebettete „**â**" nicht ausgesprochen werden soll, wie z. B. bei **k** क्.

tchânndrâbînndû चन्द्रबिंदु: Dies ist ein Nasalzeichen, ein Halbkreis mit Punkt (ँ) **tchânndrâbînndû** genannt, das oberhalb des Silbenzeichens gesetzt wird, wie bei: **sândschh** (Abend) सांझ, **tchândh** (Mond) चांद, **kâhâ?** (wo?) कहाँ ?, **kâñtâ** (Gabel) कांटा. Wenn ein Vokalzeichen allerdings oberhalb des Silbenzeichens steht, wird anstatt das **tchânndrâbînndû** nur ein Punkt (॰) बिन्दु **bînndû** gesetzt, wie bei: **nâhie** (nein) नहीं, **kâhie** (sagte) कहीं, **sõnf** (Anis) सौंफ oder **mâi** (ich) मैं.

pûrnâwîrrâm पूर्णविराम्: Dieses Zeichen ist ein senkrechter Strich (|), der als Punkt am Ende eines Satzes und auf der Höhe der Silbenzeichen gesetzt wird wie bei: **mâi Hindi siekh râhâ hû** (ich lerne Hindi - männl. Aussage मैं हिन्दी सीख रहा हूँ). **mâi Hindi siekh râhie hû** (ich lerne Hindi - weibl. Aussage मैं हिन्दी सीख रही हूँ). Zwei senkrechte Striche (||) werden am Ende eines Textabschnittes verwendet. In der Lyrik werden die Striche am Ende einer Strophe angehängt.

vîsârg विसर्ग: This sign is written with two dots, like a colon (:), the transliteration of which is an aspirated „**h**". It is either placed between two characters or at the end of a character. The visarg is a sign that is typical for Sanskrit. Examples: **dûkh** (sadness) दुःख, **châhâ**, (six) छः

vîrâm विराम्: When the inherent vowel „**a**" of a consonant is not pronounced, then the **vîrâm**, or **hâlânt** हलन्त, an oblique sign (॰) is placed under the consonant character like for eg. **k** क्.

chândrâbîndû चन्द्रबिंदु: The nasalized vowels are indicated through a crescent sign with a dot on it (ँ) called **chândrâbîndû**. The chândrâbîndû is placed above the head stroke of a character, e.g.: **sândsch** (evening) सांझ, **chând** (moon) चांद, **kâhâ?** (where?) कहाँ ? **kâñtâ** (fork) कांटा. However, if the character already has a superscript viz. a vowel sign, then it is replaced by a dot (.) बिन्दु **bîndû** e.g.: **nâhee** (no) नहीं, **kâhee** (somewhere) कहीं, **sõnf** (anniseed) सौंफ or **mâi** (I) मैं.

pûrnâvîrâm पूर्णविराम्: This sign is a vertical line (|), which is placed at the end of a sentence and is similar to the English fullstop, for example: **mâi Hindi seekh râhâ hû** (I am learning Hindi – male statement मैं हिन्दी सीख रहा हूँ) or **mâi Hindi seekh râhee hû** (I am learning Hindi – female statement मैं हिन्दी सीख रही हूँ). Two vertical lines (||) indicate that a paragraph has come to an end and a new one has begun. In poetry and in special quotes the two verticale lines are used at the end of each verse or quotation. They are otherwise not much in use.

Kürzel und andere Zeichen

Other Signs and Abbreviations

Für die Abkürzung von Namen, Ortsnamen, Bezeichnungen oder Berufen wird ein „•" hinter das Zeichen gesetzt. Ein „ " wird oberhalb eines Zeichens gesetzt, wenn es sich um die Umschreibung von Englischen- oder Fremdwörtern handelt. Es wird ebenfalls verwendet, wenn die abgekürzten Buchstaben englisch ausgesprochen werden sollen. Beispiele:

For the purpose of writing the abridged forms of names, places, designations or professions, an „•" is placed after the syllable. When English or other foreign language words are used, then an „ " is placed above the syllable . The same is the case when the abridged sign is pronounced in English or other foreign languages. Examples:

Gopal Krishna Sharma

(gopāl krischnā schárrmā)

गोपाल कृष्ण शर्मा

(G. K. Sharma) (गाॅ • कृ • शर्मा)

(gŏ krī scharrmā)

Gopal Krishna Sharma

(gō pal krishnā shármā)

गोपाल कृष्ण शर्मा

(G. K. Sharma) (गाॅ • कृ • शर्मा)

(gŏ krī shármā)

Pandit Laxman Narayan Trivedi

(pánndīth läkschmie nárájánn triewédie)

पंडित लक्ष्मी नारायण त्रिवेदी

(Pt. L. N. Trivedi) (pánn lä nä triwédie)

(पं • ल • ना • त्रिवेदी)

Pandit Laxman Narayan Trivedi

(pándit láxman náráyán trivédií)

पंडित लक्ष्मी नारायण त्रिवेदी

(Pt. L. N. Trivedi) (pún lä nä trivédií)

(पं • ल • ना • त्रिवेदी)

Doktor Subhash Kumar Gupta

(dŏkktárr súbhásch kúmmár gúpptā)

डॉक्टर सुभाष कुमार गुप्ता

(Dr. S. K. Gupta) (dŏkktárr sú kú gúpptā)

(डॉ • सु • कु • गुप्ता)

Doctor Subash Kumar Gupta

(dŏctár súbhásh kúmár gúptā)

डॉक्टर सुभाष कुमार गुप्ता

(Dr. S. K. Gupta) (dŏctór sú kú gúptā)

(डॉ • सु • कु • गुप्ता)

Professor Bhajan Lal Singh

(próffēssárr bháddschánn lál síhá)

पोफ़ेसर भजन लाल सिंह

(Prof. B. L. Singh) (próff. bhá lä síhá)

(पोफ़ें • भ • ला • सिंह)

Professor Bhajan Lal Singh

(prófésór bháján lál síhá)

पोफ़ेसर भजन लाल सिंह

(Prof. B. L. Singh) (próf. bhá lä síhá)

(पोफ़ें • भ • ला • सिंह)

Uttar Pradesh (úttárr práddesch) उत्तर प्रदेश

U. P. (jú pie) (यू • पी •)

Uttar Pradesh (úttár prádesh) उत्तर प्रदेश

U. P. (ū pee) (यू • पी •)

Bharatiya Janata Party

(bhārattiejá dschánnáthá pártie)

भारतीय जनता पार्टी

B. J. P (bie-dschē-pie) (भी • जे • पी •)

Bharatiya Janata Party

(bhárátiyá jánátá párty)

भारतीय जनता पार्टी

B. J. P (bee-jay-pee) (भी • जे • पी •)

L. K. Advani

(ēll kē áddwánie)

एल • के • अडवानी

L. K. Advani

(ēl kay ádváni)

एल • के • अडवानी

B. R. Chopra (bie ár tchóprá)

बी • आर • चोपड़ा

B. R. Chopra (bee ár chóprá)

बी • आर • चोपड़ा

We are not a
Diamond manufacturer,
but the connoisseur knows about
our cuts & carats.

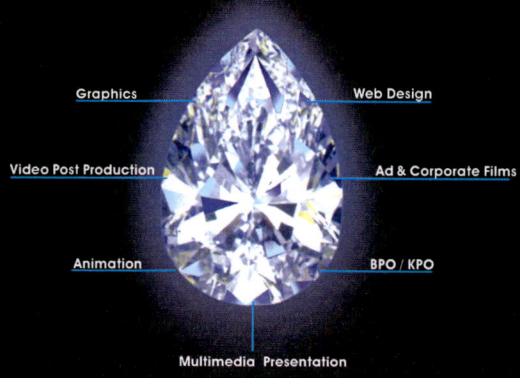

- Graphics
- Web Design
- Video Post Production
- Ad & Corporate Films
- Animation
- BPO / KPO
- Multimedia Presentation

▶ Enhanced recall, Premium brand image.

▶ Matchless aesthetics and quality.

▶ Skill & Expertise built-up with over a decade of experience.

▶ Universal the first choice of select and distinguished companies.

UNIVERSAL
ADVERTISING
THE SPIRIT OF TRIUMPH
A Division of Galagali Multimedia Pvt. Ltd.

KOMPAKTES WÖRTERBUCH

Deutsch - Hindi - Englisch

TEIL II

शब्दकोश

जर्मन – हिन्दी – अंग्रेज़ी

भाग २

COMPACT DICTIONARY

German - Hindi - English

PART II

Natur - Jahreszeiten - Farben
Nature - Seasons - Colours

प्रकृति – ऋतुएं – रंग

Deutsch	Lautumschrift	Hindi	English	Transliteration
Atmosphäre (f)	wâtaawârrânn	वातावरण (m)	atmosphere	wâtâwârân
Bach (m) oder	nãlaa	नाला (m) or	stream / brook or	nâlaa
Bach (m)	tchõtie nâdie	छोटी नदी (f)	stream / brook	chõtii nâdii
Baum (m)	pēd	पेड़ (m)	tree	pēd
Berg (m) oder	pâhâd	पहाड़ (m) or	mountain or	pâhâd
Berg (m)	pârrbât	पर्वत (m)	mountain	pârrbât
Blatt (n)	pâttaa	पत्ता (m)	leaf	pâttaa
Blitz (m) oder	wîddjût	विद्युत (f) or	lightning or	vîdyût
Blitz (m)	bîddschlie	बिजली (f)	lightning	bîjlee
Blume (f)	phũl / pûshpâ	फूल (m)/पुष्प(m)	flower	phũl / pûshpâ
blau (Adj.)	nielaa	नीला (Adj.)	blue	nielaa

German	English	Devanagari	Transliteration	
braun (Adj.)	brown	भूरा (adj.)	bhūraa	bhūraa
Brise (f)	breeze	हल्की सी हवा (f)	hâllkie sie hâwaa	hâlkii si hâwaa
Morgenröte (f)	dawn	प्रभात (m) / उषा (f)	prâbhât / ûschaa	prâbhât / ûshaa
Dämmerung (Zeit) (f)	dawn (hour/ time)	प्रात : काल (m)	prâtâhâ-kaal	prâtâhâ-kaal
Donner (m)	thunder	गर्ज (f)	gârrâz	gârâs
dunkel (Adj.)	dark / deep	गहरा (adj.)	gêhraa	gêhraa
dunkle Nacht (Adj.)	dark night	अंधेरी रात (adj.)	ânndhêrie raat	ândhêrii raat
Efeu (m)	ivy	सिर्पेंचा (m)	sîrrpêñtchaa	sîrpêñchaa
Erde (Planet) (f)	earth (planet)	पृथ्वी (f)	prîthwie	prîthvii
Erde (f) /(Erdboden)	earth / soil	धरती (f) मिट्टी (f)	dhârrtie / mîttie	dhârtie / mîttee
Erde (f) / Grundstück (n)	earth / land	भूमि (f) जमीन (f)	bhoomî / zâmmien	bhoomî / zâmeen
Erdball (m)	globe	भूमंडल (m)	bhûmânñdâll	bhûmândâll
Erdgas (m)	natural gas	प्राकृतिक वायु (f)	prâkrîtiKK / vâyû	prâkrîtiik vâyû
Erdkunde (f)	geography	भूगोल (m)	bhûgōl	bhûgōl
Felsen (m)	rock / cliff	चट्टान (m)	tchâttaan	châttaan
Finsternis (f) (Mond, Sonne)	eclipse	ग्रहण (m)	grâhâññ	grâhâñ
Fluß (m)	river	नदी (f)	nâdie	nâdii

Deutsch	Lautumschrift	Hindi	English	Transliteration
Flußbett (n)	nâdie kaa tâll	नदी का तल (m)	river bed	nâdii kaa tûl
Forst (m) oder	dschânngâll	जंगल (m) or	forest / jungle or	jûngâl
Forst (m)	wânn	वन (m)	forest / jungle	vânn
Frühling (m) oder	vâßânnt	वसंत (m) or	spring or	vâsânt
Frühling (m)	bâhaar	वहार (f)	spring	bâhaar
Gärtner (m)	maalie	माली (m)	gardener	mãlii
Garten (m) oder	baag	वाग (m) or	garden or	baag
Garten (m)	ûddhjaan	उद्यान (m)	garden	ûdhyaan
gelb (Adj.)	pielaa	पीला (adj.)	yellow	peelaa
goldfarbig / goldig	sûnnhârraa	सुनहरा (adj.)	gold coloured /golden	sûnhâraa
Gras (n)	ghâs	घास (f)	grass	ghãs
grau (Adj.)	dhûsârr / mâttmeilaa	दूसर (adj.)/मटमैला	grey	dhûsâr /mâttmailaa
grün (Adj.)	hârraa	हरा (adj.)	green	hâraa
Hagel (m)	ôlaa	ओला (m)	hail	ôlaa
Halbinsel (f)	prâjâdwiep	प्रायद्वीप (m)	peninsula	prâyâdveep

German	Hindi	Transliteration	Transliteration	English
Hecke (f)	घेरे की झाड़ी (f)	ghērē kii dschādie	ghērē kii jhādii	hedge
hell / glänzend	चमकीला (adj.)	tchâmmkielaa	châmkiilaa	bright / shining
Herbst (m)	पतझड़ (m)	pâttdschâdd	pâttjhâd	autumn / fall
Himmel (m) oder	आकाश (m) or	âkaasch	âkaash	sky or
Himmel (m)	आसमान (m)	âsâmaan	âsâmaan	sky
Hitze (f)	गर्मी (f)	gârrmie	gârmii	heat
Holz (n)	लकड़ी (f)	lâkkdie	lâkdii	wood
Hügel (m) oder	पहाड़ी (f) or	pâhâdie	pâhādii	hill or
Hügel (m)	टीला (m)	ttielaa	ttielaa	hill
Jasmine (f)	चमेली (f)	tchâmmēlie	châmēlii	jasmine
Kälte (f) / Frost (m)	ठंड (f)	ttândd	ttāndd	cold / frost
Laub (n)	पत्तों का गूच्छा (m)	pâttõ kaa guttchaa	pâttõ kaa guchaa	foliage
leicht / grün (Adj.)	हल्का हरा (adj.)	hâllkaa hârraa	hâlkaa hârraa	light green
Lilie (f) oder	कमलिनी (f) or	kâmmlinnie	kâmlinee	lily or
Lilie (f)	कुमुदिनी (f)	kûmmûdînii	kûmûdînii	lily
Luft (f) oder	हवा(f) or	hâwaa	hâwaa	air or
Luft (f)	वायु (f)	waajû	vâyû	air

Deutsch	Lautumschrift	Hindi	English	Transliteration
Knospe (f)	kállie	कली (f)	bud	kâlee
Meer (n) / Ozean (m)	mâhãsâgárr	महासागर (m)	ocean	mâhãsâgâr
Mond (m) oder	tchãndrâ/ tchâñdrãmaa	चंद्र / चंद्रमा (m) or	moon or	chãndrâ / chãñdrãmaa
Mond (m)	tchãnd	चाँद (m)	moon	chãnd
Mondlicht (n)	tchãndnie	चांदनी (f)	moonlight	chãndnii
Mondlichtnacht (f)	tchãndnie-raat	चांदनी रात (f)	moonlit-night	chãndnii- raat
Nebel (n)	kôhârraa	कोहरा (m)	fog/mist	kôhâraa
Neumond (m)	âmmãwâß	अमावस (f)	new moon	âmmãwaas
Orange (Farbe) (Adj).	nârâñgie	नारंगी (adj.)	orange /(colour)	nârâñgii
Ila (Adj.)	bãingânnie	बैंगनी (adj.)	lilac / mauve	bãingânii
Lotus (f)	kâmmâll	कमल (m)	lotus	kâmâl
Pflanze (f)	paudhaa	पौधा (m)	plant	paudaa
Quelle (Fluß) (f)	sōtaa	सोता (m) झरना (m)	spring / source (riverflow)	sōtaa
Regen (m) oder	wârrschaa	वर्षा (f) or	rain or	vârshaa
Regen (m)	bârîsch	वारिश (f)	rain	bârîsh

Regenbogen (m)	înndrâ dhânnûsch	इन्द्रधनुष (m)	rainbow	îndrâ dhânûsh
Regenzeit (Monsun) (f)	bârrsaat	वरसात (f)	rainy season	bârsaat
Ringelblume (f)	gẽñdaa	गेंदा (m)	marigold	gẽñdaa
rosa (Farbe) (Adj.)	gûllâbie	गुलाबी (adj.)	pink	gûlābii
Rose (f)	gûllaab	गुलाब (m)	rose	gûlāb
rot	laal	लाल (adj.)	red	laal
Sand (m) oder	rēt	रेत (f) or	sand or	rēt
Sand (m)	baalū	वालू (f)	sand	baalū
Schnee (m)	bârrf	वफ़ (f)	snow	bârf
schwarz	kālaa	काला (adj.)	black	kālaa
See (m)	dschiel	झील (f)	lake	jheel
Sommer (m) oder	gârrmie	गरमी (f) or	summer or	gârmii
Sommer (m)	grîßchmâ	गीष्म (m)	summer	grîshmâ
Sonne (f) oder	sūrjâ	सूर्य (m) or	sun or	sūryâ
Sonne (f)	sūrâdsch	सूरज (m)	sun	sūrâj
Sonnenaufgang (m)	sūrjōdâjâ	सूर्योदय (m)	sunrise	sūryōdâyâ
Sonnenfinsternis (f)	sūrjâgrâhâññ	सूर्यग्रहण (m)	eclipse of the sun	sūryâgrâhâñ

Deutsch	Lautumschrift	Hindi	English	Transliteration
Sonnenhitze (f) oder	sūrâdsch kie dhūp	सूरज की धूप (f) or	heat of the sun or	sūrâj kie dhūp
Sonnenhitze (f)	sūrjâtāp	सूर्यताप (m)	heat of the sun	sūryatāp
Sonnenlicht (n)	sūrdsch kie rōschnie	सूरज की रोशनी (f)	sunlight	sūrâj kie rōshnii
Sonnenschein (m)	sūrjâ kaa prâkkāsch	सूर्य का प्रकाश (m)	sunshine	sūryâ kaa prâkāsh
Sonnenstrahl (m)	sūrjâ kie kîrrâñ	सूर्य की किरण (f)	sun rays / sunbeam	sūryâ kie kîrâñ
Staub (m)	dhūl	धूल (f)	dust	dhūl
Staubsturm (m)	aañdhie	आँधी (f)	dust storm	aañdhee
Stein (m)	pâthârr	पत्थर (m)	stone	pâthâr
Strand (m)	sâmmûdrâ-tâtt	समुद्रतट (m)	beach	sâmûdrâ-tâtt
Strauch (m) / Busch (m)	dschâdhie	झाड़ी (f)	shrub / bush	jhâdhie
Strömung (Fluß) (f)	dhāraa	धारा (m)	current (river)	dhāraa
Stroh (m) oder	bhūsaa	भूसा (m)	straw / thatch	bhūsaa
Sturm (m)	aañdhie	आँधी (f) or	storm or	aañdhee
Sturm (m)	tūfaan	तूफान (m)	storm	tūfaan
Vollmond (m)	pūrnât châññdrâ	पूर्णचंद्र (m)	full moon	pūrnâ châñdrâ

German	romanization	Hindi	English	romanization
Vollmondnacht (f)	pūrñiemaa	पूर्णिमा (f)	full moon night	pūrñiimaa
Umwelt (f) oder	wātāwârâñ	वातावरण (m) or	environment or	vātāvarâñ
Umwelt (f)	pârrîwêsch	परिवेश (m)	environment	pârívēsh
Umweltschutz (m)	pârryâwârânn kie râkschā	पर्यावरण की रक्षा (f)	environment protection	pâryâvârâñ kii râkshaa
Umweltverschmutzung (f)	Wātāwârâñ kaa meilâpann	वातावरण का मैलापन (m)	environment pollution	vātāvârân kaa maiãpãn
weiss (Adj.)	sâffêd	सफ़ेद (adj.)	white	sâfēd
Wind (m) oder	hâwaa	हवा (f) or	wind or	hâwaa
Wind	waajû	वायु (f)	wind	vāyû
Winter (m) oder	dschâddaa	जाड़ा (m) or	winter or	jâddaa
Winter (m)	sârrdie	सर्दी (f)	winter	sârdii
Wolke (f)	bādâll	बादल (m)	cloud	bādâl
Zweig (m)	ddaal	डाल (f)	branch	ddaal

Zeit - Tag - Richtung
Time - Date - Direction
समय - दिन - दिशा

Deutsch	Lautumschrift	Hindi	English	Transliteration
abends (Adv)	schaam kō	शाम को	in the evenings	shaam kō
April (m)	âppreill	अप्रैल (m)	April	âprail
August (m)	âggâßt	अगस्त (m)	August	âgâst
außen (Adv.)	bâhârr	वाहर (adv.)	outside	bāhârr
Dezember (m)	dißâmmbârr	दिसम्बर (m)	December	dîsâmbâr
Dienstag (m)	mânngâllwaar	मंगलवार (m)	Tuesday	mângâlvār
diese Woche	iß sâpptahâ	इस सप्ताह	this week	îss sâptāhā
diese Woche	iß hâfftaa	इस हफ्ता	this week	îss hâftaa
Donnerstag (m) oder	gürrûwaar	गुरुवार(m) or	Thursday or	gürûvâr
Donnerstag (m)	brîhâßpâtîwaar	वृहस्पतिवार or	Thursday or	brîhâspâtîvâr
Donnerstag (m)	dschûmêraat	जुमेरात (m)	Thursday	jûmêraat

German		Devanagari	English	Hindi
dort (Adv.)	ûdhârr	उधर (adv.)	over there	ûdahâr
dreiviertel Stunde (f)	pâunaa ghânntaa	पौना घंटा (m)	three quarters of an hour	pâunaa ghântaa
Februar (m)	fârrwârrie	फ़रवरी (m)	February	fârvârii
Freitag (m)	schûkkrâwaar	शुक्रवार(m)	Friday	shûkrâvâr
Freitag (m)	dschûmaa	जुम्मा(m)	Friday	jûmaa
gegenüber (Adv.)	aamnê -saamnê	आमने-सामने	opposite / across the way	aamnê- saamnê
genau......uhr(uhrzeit)	bârrâbârr	वरावर	exactly (o'clock)	bârâbâr
geradeaus (Adv.)	siedhê	सीधे (adv.)	straight ahead	seedhê
gestern	kâll	कल	yesterday	kâl
eineinhalb Stunde	dêdd / ghânntaa	डेढ़ घंटा	one and a half hour	dêdd ghântaa
halbe Stunde	âdhaa ghânntaa	आधा घंटा (m)	half an hour	âdhaa ghântaa
heute (Adv.)	âdsch	आज (adv.)	today	aaj
hier (Adv.)	îdhârr	इधर (adv.)	here	îdhâr
hinten (Adv.)	pietchhê	पीछे (adv.)	behind	peechhê
innen (Adv.)	ânndârr / bhietârr	अन्दर(adv.)भीतर(m)	inside	ândâr / bheetâr
Jahr (n)	wârrsch / saal	वर्ष (m) / साल (m)	year	vârsh / saal
Jahrhundert (n)	schâttâbdie	शताब्दी (f)	century	shâtâbdii

Deutsch	Lautumschrift	Hindi	English	Transliteration
Januar (m)	dschânnwârrie	जनवरी (m)	January	jânvârii
Juli (m)	dschûllâie	जुलाई (m)	July	jûlâee
Juni (m)	dschûn	जुन (m)	June	jûn
links (Adv.)	baajē	वायें (adv.)	left	bāyē
Mai (m)	mâie	मई (m)	May	mai
März (m)	mârtch	मार्च (m)	March	mārch
Mitternacht (f) oder	mâdhjâ râtrî	मध्य रात्रि (f) or	midnight or	mâdhyâ râtrî/
Mitternacht (f)	âdhie raat	आधी रात (f)	midnight	âdhii raat
Mittwoch (m) bûdh	bûdhwaar	बुध or बुधवार (m)	Wednesday	bûdh / bûdhvâr
Monat (m)	mâhienaa	महीना (m)	month	mâhiinaa
Montag (m)	sômwaar / pier	सोमवार(m) / पीर (m)	Monday	sômvâr / piir
Minute (f)	mînnâtt	मिनट (f)	minute	mînâtt
Mittag (m)	dôpâhârr	दोपहर (m)	noon	dôpâhâr
mittags	dôpâhârr mē	दोपहर में	at noon	dôpâhâr mē
morgens	sûbbâhâ	सुबह	in the mornings	sûbâhâ
nach.... (Uhrzeit)	bâdsch'kârr	बजकर	past....(time)	bâjkâr

44 Zeit - Tag - Richtung ⋆ समय - दिन ⋆ दिशा ⋆ Time - Date - Direction

German		Devanagari	English	
nach links	bājie aur	वायीं ओर (adv.)	towards left	bāyee aur
nach rechts	dājie aur	दायीं ओर (adv.)	towards right	dāyee aur
Nachmittag (m) oder	tiesraa pêhêr	तीसरा पहर (m) or	afternoon or	teesraa pêhêr
Nachmittag (m)	âpprâhânn	अपराह्न (m)	afternoon	âprāhân
Nacht (f)	raat	रात (f)	night	raat
Nachtschicht (f)	dinn kie pâlie	रात की पाली (f)	night shift	raat kii pālii
nachts	raat kō	रात को	during the night	raat kō
Norden	ûttârr	उत्तर (m)	north	ûttâr
Nordosten (m)	ûttârr-pûrwâ	उत्तरपूर्व (m)	north-east	ûttâr-pūrvâ
Nord-Süd	ûttârr-dâkkschînn	उत्तरदक्षिण (m)	north-south	ûttâr-dākshîn
Nordwesten (m)	ûttârr-pâsch'tchîmm	उत्तरपश्चिम (m)	north-west	ûttâr-pâsh'chîm
November (m)	nâwâmmbârr	नवम्बर (m)	November	nâvâmbâr
oben (Adv.)	ûpârr	ऊपर (adv.)	above	ûpâr
Oktober (m)	âkktûbârr	अक्तूबर (m)	October	âktūbâr
Ost-West	pûrw-pâsch'tchîmm	पूर्वपश्चिम (m)	east-west	pūrvâ-pâsh'chîm
Osten (m)	pûrwâ	पूर्व (m)	east	pūrvâ
rechts (Adv.)	dâjē	दायें (adv.)	right	dāyē

Deutsch	Lautumschrift	Hindi	English	Transliteration
Samstag (m) oder	schânnîwaar/	शनिवार (m) or	Saturday or	shânîvār
Samstag (m)	sânnietchaar	सनीचार (m)	Saturday	sâniichār
Sekunde (f)	sêkkênd / pâll	सेकंड (f) / पल (m)	second	sêkênd /pâll
September (m)	sîttâmmbârr	सितंबर (m)	September	sîtâmbâr
Sonnenaufgang (m)	sûrjôdâjâ	सूर्योदय (m)	sunrise	sūrjōdâyâ
Sonnenuntergang (m)	sûrjâst	सूर्यास्त (m)	sunset	sūryâst
Sonntag (m)	râwîwaar / îtwaar	रविवार (m) / इतवार (m)	Sunday	râvîvâr / îthvâr
Stunde (f) / Stunden (pl.)	ghânntaa / ghânntê	घंटा (m) / घंटे (pl.)	hour / hours	ghântaa/ghânteē
stundenlang (Adv.)	ghânntô(tàkk)	घंटों (तक) (adv.)	for hours	ghântō (tâk)
Stundenlohn (m)	ghânntê kie mâzzdûrie	घंटे की मजदूरी (f)	hourly wage	ghântê kii mâzdūrii
Süden (m)	dâkkschînn	दक्षिण (m)	south	dâkshîn
Südosten (m)	dâkkschînn-pûrwâ	दक्षिण-पूर्व (m)	southeast	dâkshîn-pūrvâ
Südwesten (m)	dâkkschînn-pâsch'tchîmm	दक्षिण-पश्चिम (m)	southwest	dâkshîn-pâsh'chîm
Tag (m)	dînn	दिन (m) / रोज (m)	day	dînn
tagaus / tagein (Adv.)	dînnôdînn	दिनोंदिन (adv)	day in / day out	dînnōdinn
Tagebuch (n)	deinândînnie	दैनंदिनी (f)	diary	dainandînii

Deutsch		Devanagari	English	
Tagesanbruch (n)	dinnmükh / prâbhât	दिनमुख (m) / प्रभात	daybreak, dawn	dinnmükh/prâbhât
Tagesausflug (m)	dinn kie tchotie jâtraɛ	दिन की छोटी यात्रा (f)	a day's trip	dinn kie chōtii yâtraa
Tageseinnahme (f)	dinn kie kâmmâjie	दिन की कमाई (f)	day's earnings	dinn kee kâmâyii
Tageskarte (f)	deinik tikkâtt	दैनिक टिकट (f)	day ticket	dainik tikâtt
Tageslicht (n)	dinn kaa prâkkâsch	दिन का प्रकाश (m)	daylight	dinn kaa prâkâsh
Tageszeit (f)	dinn kaa sâmmei	दिन का समय (m)	daytime	dinn kaa sâmây
Tageszeitung (f) oder	deinikk pâtrâ/	दैनिक पत्र (m) or	daily (newspaper) or	dânik pâtrâ/
Tageszeitung	wrûttâ pâtrâ	वृत्तपत्र	daily (newspaper)	vrûtta pâtrâ
täglich / jeden Tag oder	prâtiedinn / deinikk	प्रतिदिन (adv) / दैनिक (adj.)	everyday or	prâtidin dainik
täglich / jeden Tag	hârr'rooß / rooßânaa	हररोज़ रोज़ाना (adv.)	everyday	hârr'rōz / rōzânaa
Tagschicht (f)	dinn kie pâlie	दिन की पाली (f)	day shift	dinn kii pālii
tagsüber (Adv.)	dinn mẽ	दिन को/दिन में (adj.)	during the day	dinn mē
Taschenuhr (f)	dschêb kie ghâddie	जेब की घड़ी (f)	pocket watch	jēb kee ghâddii
übermorgen (Adv.)	pârrßõ	परसों (adv.)	day after to-morrow	pûrsõ
ungefähr......(Uhrzeit)	lâggbhâgg	लगभग (adv.)	roughly	lâgbhâg
unten (Adv.)	nietchê	नीचे (adv.)	below	neechē

Deutsch	Lautumschrift	Hindi	English	Transliteration
Uhr (f)	ghâddie	घड़ी (f)	watch / clock	ghâdii
um.....Uhr	bâddschē	बजे	at o'clock	bâjē
08.00 Uhr(vormittags) oder	sûbbâhâ kē / âtt bâdschē	सुबह के आठ बजे or	8.00 a.m. or	sûbâhâ kē / âtt bâjē
08.00 Uhr (vormittags)	sâwērē kē / aat bâdschē	सवेरे के आठ बजे	8.00 a.m.	sâwērē kē / aat bâjē
11.00 Uhr (nachmittags)	raat kē gjârâhâ bâdschē	रात के ग्यारह बजे	11.00 p.m.	raat kē gyâr âhâ bâjē
Viertelstunde (f)	paaw ghântaa	पाव घंटा	quarter of an hour	paav ghântaa
viertel vor......	paunē	पौने	quarter to.....	paunē
viertel nach......	sâwwaa	सवा	quarter past.....	sâvaa
vierzehn Tage (pl)	dō sâpptâhâ dō hâfftē	दो सप्ताह / दो हफ्ते	fortnight	dō sâptâhâ/dō hâftē
volle Stunde	pūraa ghânntaa	पूरा घंटा (m)	a full hour	pūraa ghântaa
vor..... (Uhrzeit)	bâdschnē mē	बजने में	to......	bâjnē mē
vor (örtlich) (Adv.)	âgē	आगे (adv.)	ahead, / in front	âgē
10 vor 10	dûß bâdschnē mē	दस बजने में दस मिनट	ten to ten	dûs bâjnē mē
10 vor 10	dûß minnâtt	दस मिनट	ten minutes	das mîntē

German		Hindi	English	
vorgestern	**pârrßõ**	परसों	day before yesterday	**pûrsõ**
vorige Woche (f)	**pîttchhlē hâfftē**	पिछले हफ्ते	last week	**pîchhlē hâftē**
vormittags	**sâwēraa**	सवेरा	in the forenoon period	**sâwēraa**
Westen (m)	**pâsch'tchîmm**	पश्चिम (m)	west	**pâsh'chîmm**
Woche (f)	**sâpptāhâ / hâfftā**	सप्ताह (m) / हप्ता(m)	week	**sâptāh / hâftâhā**
Wochenende (n)	**sâpptāhânt**	सप्ताहांत (m)	weekend	**sâptāhānt**

Kardinalzahlen - Ziffer - Wörter संख्या - अंक - शब्द
Cardinal Numbers - Figures & Words

Ziffer	Wörter	Lautumschrift	अंक	शब्द	Figures	Words	Transliteration
0	null	schūnjâ/sîfârr	०	शून्य/सिफर	0	zero	shūnyâ / sifâr
1	eins	ēk	१	एक	1	one	ēk
2	zwei	dō	२	दो	2	two	dō
3	drei	tien	३	तीन	3	three	theen
4	vier	tchār	४	चार	4	four	chār
5	fünf	pântch	५	पाँच	5	five	pānch
6	sechs	tchē	६	छः	6	six	chē
7	sieben	saat	७	सात	7	seven	saat
8	acht	aatt	८	आठ	8	eight	aatt
9	neun	nau	९	नौ	9	nine	nau
10	zehn	dâß	१०	दस	10	ten	dûß
11	elf	gjârâhâ	११	ग्यारह	11	eleven	gyârâhâ
12	zwölf	bārâhâ	१२	बारह	12	twelve	bārâhâ
13	dreizehn	tērâhâ	१३	तेरह	13	thirteen	tērâhâ
14	vierzehn	tchaudâhâ	१४	चौदह	14	fourteen	chaudâhâ

15	fünfzehn	pânndrâhâ	पन्द्रह	१५	15	fifteen	pândrâhâ
16	sechszehn	sōlâhâ	सोलह	१६	16	sixteen	sōlâhâ
17	siebzehn	sâttrâhâ	सत्रह	१७	17	seventeen	sâtrâhâ
18	achtzehn	âttaârâhâ	अठारह	१८	18	eighteen	âttârâhâ
19	neunzehn	ûnnieß	उन्नीस	१९	19	nineteen	ûnees
20	zwanzig	bieß	बीस	२०	20	twenty	bees
21	einundzwanzig	êkkieß	इक्कीस	२१	21	twenty-one	êkees
22	zweiundzwanzig	bâieß	बाइस	२२	22	twenty-two	bâees
23	dreiundzwanzig	tēieß	तेइस	२३	23	twenty-three	tēiis
24	vierundzwanzig	tchōbieß	चौबीस	२४	24	twenty-four	chôbees
25	fünfundzwanzig	pâttchieß	पच्चीस	२५	25	twenty-five	pâchees
26	sechsundzwanzig	tchâbieß	छब्बीस	२६	26	twenty-six	châbees
27	siebenundzwanzig	sâttaieß	सत्ताइस	२७	27	twenty-seven	sâtāees
28	achtundzwanzig	âttâieß	अट्ठाइस	२८	28	twenty-eight	âttāees
29	neunundzwanzig	ûnntieß	उनतीस	२९	29	twenty-nine	ûntees
30	dreißig	tieß	तीस	३०	30	thirty	tees

Ziffer	Wörter	Lautumschrift	अंक	शब्द	Figures	Words	Transliteration
31	einunddreißig	êktieß	३१	इकत्तीस	31	thirty-one	êktees
32	zweiunddreißig	bâtieß	३२	बत्तीस	32	thirty-two	bâtees
33	dreiunddreißig	têñthieß	३३	तैंतीस	33	thirty-three	têñtees
34	vierunddreißig	tchauñties	३४	चौंतीस	34	thirty-four	chauñtees
35	fünfunddreißig	peiñtieß	३५	पैंतीस	35	thirty-five	paiñtees
36	sechsunddreißig	tchhâthieß	३६	छत्तीस	36	thirty-six	chhâtees
37	siebenunddreißig	seiñthieß	३७	सैंतीस	37	thirty-seven	saiñtees
38	achtunddreißig	âddthieß	३८	अड़तीस	38	thirty-eight	âddtees
39	neunund dreißig	ûnntäließ	३९	उनतालीस	39	thirty-nine	ûntâlees
40	vierzig	tchäließ	४०	चालीस	40	forty	châlees
41	einundvierzig	êktäließ	४१	इकतालीस	41	forty-one	êktâlees
42	zweiundvierzig	beijäließ	४२	बयालीस	42	forty-two	baiyâlees
43	dreiundvierzig	titäließ	४३	तितालीस	43	forty-three	titâlees
44	vierundvierzig	tchâwäließ	४४	चवालीस	44	forty-four	châvâlees
45	fünfundvierzig	peiñtäließ	४५	पैंतालीस	45	forty-five	paiñtâlees

46	sechsundvierzig	tchhîjâließ	४६	छियालिस	46	forty-six	chhîyâlees
47	siebenundvierzig	seiñtâließ	४७	सेतालिस	47	forty-seven	saiñtâlees
48	achtundvierzig	âddtâließ	४८	अड़तालिस	48	forty-eight	âddtâlees
49	neunundvierzig	ûnntchâß	४९	उन्चास	49	forty-nine	ûnchâs
50	fünfzig	pâttchâß	५०	पचास	50	fifty	pâchâs
51	einundfünfzig	îkjâwânn	५१	इक्यावन	51	fifty-one	îkyâvân
52	zweiundfünfzig	bâwânn	५२	वावन	52	fifty-two	bâvân
53	dreiundfünfzig	târêpânn	५३	तेरेपन	53	fifty-three	târêpân
54	vierundfünfzig	tchauwânn	५४	चौवन	54	fifty-four	chauwân
55	fünfundfünfzig	pâtchpânn	५५	पचपन	55	fifty-five	pâchpân
56	sechsundfünfzig	tchhâppânn	५६	छप्पन	56	fifty-six	chhâppân
57	siebenundfünfzig	sâthâwânn	५७	सत्तावन	57	fifty-seven	sâthâwân
58	achtundfünfzig	âttâwânn	५८	अट्ठावन	58	fifty-eight	âttâwân
59	neunundfünfzig	ûnnsâtt	५९	उनसठ	59	fifty-nine	ûnsâtt
60	sechszig	sâtt	६०	साठ	60	sixty	sâtt

Ziffer	Wörter	Lautumschrift	अंक	शब्द	Figures	Words	Transliteration
61	einundsechszig	ĭkksătt	६१	इकसठ	61	sixty-one	ĭksătt
62	zweiundsechszig	bāsătt	६२	बासठ	62	sixty-two	bāsătt
63	dreiundsechszig	tārēsătt	६३	तरेसठ	63	sixty-three	tārēsătt
64	vierundsechszig	tchausătt	६४	चौसठ	64	sixty-four	chausătt
65	fünfundsechszig	peĭnsătt	६५	पेंसठ	65	sixty-five	paĭnsătt
66	sechsundsechszig	tchjāsătt	६६	छियासठ	66	sixty-six	chyāsătt
67	siebenundsechszig	sāddsătt	६७	सड़सठ	67	sixty-seven	sāddsătt
68	achtundsechszig	āddsătt	६८	अड़सठ	68	sixty-eight	āddsătt
69	neunundsechszig	ûnnhăthărr	६९	उनहत्तर	69	sixty-nine	ûnhăthăr
70	siebzig	sāttărr	७०	सत्तर	70	seventy	sāttăr
71	einundsiebzig	ĭkkătărr	७१	इकहत्तर	71	seventy-one	ĭkătăr
72	zweiundsiebzig	băh'hătărr	७२	बहत्तर	72	seventy-two	bā'hătăr
73	dreiundsiebzig	tĭhătărr	७३	तिहत्तर	73	seventy-three	tĭhătăr
74	vierundsiebzig	tchauhătărr	७४	चौहत्तर	74	seventy-four	chauhătăr
75	fünfundsiebzig	pĭtchătărr	७५	पिचहत्तर	75	seventy-five	pĭchătăr

Kardinalzahlen - Ziffer - Wörter ∗ संख्या अंक और शब्द में ∗ Cardinal Numbers - Figures - Words

Nr.	Deutsch		Devanagari		Nr.	English	
76	sechsundsiebzig	tchhijâtârr	छिहत्तर	७६	76	seventy-six	chhîyâtârr
77	siebenundsiebzig	sât'âtârr	सतहत्तर	७७	77	seventy-seven	sât'âtâr
78	achtundsiebzig	âtt'âtârr	अठहत्तर	७८	78	seventy-eight	âtt'âtâr
79	neunundsiebzig	ûnnjâßie	उन्यासी	७९	79	seventy-nine	ûnyâsee
80	achtzig	âßie	अस्सी	८०	80	eighty	âsee
81	einundachtzig	ìkkjâßie	इक्यासी	८१	81	eighty-one	ìkyâsee
82	zweiundachtzig	bâjâßie	बयासी	८२	82	eighty-two	bâyâsee
83	dreiundachtzig	tîrrâßie	तिरासी	८३	83	eighty-three	tîrâsee
84	vierundachtzig	tchaurâßie	चौरासी	८४	84	eighty-four	chaurâsee
85	fünfundachtzig	pîttchâßie	पिचासी	८५	85	eighty-five	pîchâsee
86	sechsundachtzig	tchhîjâßie	छियासी	८६	86	eighty-six	chhîyâsee
87	siebenundachtzig	sâthâßie	सतासी	८७	87	eighty-seven	sâtâsee
88	achtundachtzig	âttâßie	अठ्यासी	८८	88	eighty-eight	âttâsee
89	neunundachtzig	nâwâßie	नवासी	८९	89	eighty-nine	nâvâsee
90	neunzig	nâbbē	नब्बे	९०	90	ninety	nâbē

Ziffer	Wörter	Lautumschrift	अंक	शब्द	Figures	Words	Transliteration
91	inundneunzig	îkkjãñwē	९१	इक्यानवे	91	ninety-one	îkyāñvē
92	zweiundneunzig	bānwē	९२	बानवे	92	ninety-two	bānvē
93	dreiundneunzig	tirrānwē	९३	तिरानवे	93	ninety-three	tirānvē
94	vierundneunzig	tchaurānwē	९४	चौरानवे	94	ninety-four	chaurānvē
95	fünfundneunzig	pîttchjānwē	९५	पिच्यानवे	95	ninety-five	pîchyānvē
96	sechsundneunzig	tchhîjānwē	९६	छियानवे	96	ninety-six	chhîyānvē
97	siebenundneunzig	sâtānwē	९७	सतानवे	97	ninety-seven	sâtānvē
98	achtundneunzig	âttānwē	९८	अट्ठानवे	98	ninety-eight	âttānvē
99	neunundneunzig	nînnjāhnwē	९९	निन्यानवे	99	ninety-nine	nînyānvē
100	einhundert	ēk sau	१००	एक सौ	100	one hundred	ēk sau
500	fünfhundert	pāñtch sau	५००	पाँच सौ	500	five hundred	pāñch sau
1000	eintausend	ēk hâßaar	१०००	एक हजार	1,000	one thousand	ēk hâsaar
10.000	zehntausend	dāß hâßaar	१००००	दस हजार	10,000	ten thousand	dûs hâsaar
20.000	zwanzigtausend	bies hâßaar	२००००	बीस हजार	20,000	twenty thousand	bees hâsaar

German (figures)	German (words)	Hindi (transliteration, German style)	 Devanagari / figures	Figures	English	Hindi (transliteration)
45.000	fünfundvierzig-tausend	peiñtãließ håßaar	पैंतालिस हजार — ४५०००	45,000	forty-five thousand	paiñtãlees hâsaar
50.000	fünfzig tausend	pâttahãs håßaar	पचास हजार — ५००००	50000	fifty thousand	pãchas hâsaar
100.000	einhundert-tausend	ēk lākh	एक लाख — १०००००	1,00,000	a hundred-thousand	ēk lākh
1000.000	eine Million	dãß lākh	दस लाख — १००००००	1,000,000	a million	dûß lākh
10.000.000	zehn Million	ēk kârrōd	एक करोड़ — १०००००००	10,000,000	ten million	ēk kârōd
100.000.000	eine Milliarde	dâß kârrōd	दस करोड़ — १००००००००	1,00,000,000	a billion	dûs kârōd
100.000.000	zehn Milliarden	ēk ârrāb	अरब — १०००००००००	1,000,000,000	ten billion	ēk ârâb

क्रमवाचक संख्या
Ordnungszahlen - Ziffer - Wörter
Ordinal Numbers - Figures & Words

Ziffer	Wort	Lautumschrift	शब्द		Figures	Word	Transliteration
1.	erste	pêhlaa	पहला		1st	first	pêhlaa
2.	zweite	dûsraa	दूसरा		2nd	second	dûsraa
3.	dritte	tiesraa	तीसरा		3rd	third	teesra
4.	vierte	tchauthaa	चौथा		4th	fourth	chauthaa
5.	fünfte	pãñtchwãã	पाँचवाँ		5th	fifth	pãñchvaa
6.	sechste	tchhâttaa	छठा		6th	sixth	chhâttaa
7.	siebte	sãtwãã	सातवाँ		7th	seventh	sãtvaa
8.	achte	ãttwãã	आठवाँ		8th	eighth	ãttvaa
9.	neunte	nauwãã	नौवाँ		9th	ninth	nauwãã
10.	zehnte	dâßwãã	दसवाँ		10th	tenth	dûsvãã
11.	elfte	gjãrâhâwãã	ग्यारहवाँ		11th	eleventh	gyãrâhâwãã
12.	zwölfte	bârâhâwãã	बारहवाँ		12th	twelvth	bârâhâwãã

58 Ongungsgahlen- Ziffer Wörter •संख्या अंक और शब्द में• ordinal Numbers - Figures Words

	German	German (ordinal)	Devanagari		English	English (ordinal)
13.	dreizehnte	**tērâhâwãã**	तेरहवाँ	13th	thirteenth	**terâhâwãã**
14.	vierzehnte	**tchaudâhâwãã**	चौदहवाँ	14th	fourteenth	**chaudâhâwãã**
15.	fünfzehnte	**pânndrâhâwãã**	पन्द्रहवाँ	15th	fifteenth	**pândrâwâhãã**
16.	fünfzehnte	**sōlâhâwãã**	सोलहवाँ	16th	sixeenth	**sōlâhâwãã**
17.	fünfzehnte	**sâtrâhâwãã**	सत्रहवाँ	17th	seventeeth	**sâtrâhâwãã**
18.	fünfzehnte	**âttârâhâwãã**	अठारहवाँ	18th	eighteenth	**âttârâhâwããa**
19.	fünfzehnte	**ûnnieswãã**	उन्नीसवाँ	19th	nineteenth	**ûneeswãã**
20.	zwanzigste	**bieswãã**	बीसवाँ	20th	twenteenth	**beeswãã**
30.	dreißigste	**tieswãã**	तीसवाँ	30th	thirteeth	**teeswãã**
40.	vierzigste	**tchâließwãã**	चालीसवाँ	40th	fortieth	**châleeswãã**
50.	fünfzigste	**pâttchâswãã**	पच्यासवाँ	50th	fifteeth	**pâchaswãã**
100.	hunderste	**sauwãã**	सौवाँ	100th	hundreth	**sauwãã**
1000.	eintausendste	**hâßârwãã**	हज़ारवाँ	1000th	one thousandth	**hâsãrwãã**

Bruchzahlen - Ziffer - Wörter
Fractions - Figures - Words

Ziffer	Wort	Lautumschrift	शब्द
1/1	eineintel	ēkaa ēk	एका एक
1/2	einhalb	ādhaa	आधा
1/3	eindrittel	ēk tihājie	एक तिहाई
1/4	einviertel	(ēk) tchauthājie	(एक) चौथाई
1/5	einfünftel	pañtchwããhißaa	पाँचवाँ हिस्सा
1/6	einsechstel	tchâtthaa hißaa	छठा हिस्सा
1/7	einsiebtel	sātwãã hißaa	सातवाँ हिस्सा
1/8	einachtel	āttwãã hißaa	आठवाँ हिस्सा
1/9	einneuntel	nauwãã hißaa	नौवाँ हिस्सा
1/10	einzehntel	dãßwãã hißaa	दसवाँ हिस्सा
2/3	zweidrittel	dō tihājie	दो तिहाई
3/4	dreiviertel	tien tchauthājie	तीन चौथाई

Figures	Word	Transliteration
1/1	one	ēkaa ēk
1/2	half	ādhaa
1/3rd	one third	ēk tihāyee
1/4th	one fourth	(ēk) chautājee
1/5th	one fifth	pãñchvãã hîsaa
1/6th	one sixth	chãtthaa hîsaa
1/7th	one seventh	sātvããhîsaa
1/8th	one eighth	aattvãã hîsaa
1/9th	one nineth	nauvãã hîsaa
1/10th	one tenth	dūsvãã hîsaa
2/3rd	two third	dō tihāyee
3/4th	three fourth	teen chauthâyee

मिन्न
संख्या

	German		Script	Figure	English	
4/5	vierfünftel	tchaar pañtchwäjie	चार पाँचवाई	4/5th	four fifth	chaar pãñchwäyee
5/6	fünfsechstel	pañtch tchâtthâjie	पाँच छठाई	5/6th	five sixth	pãnch chhâttâyee
6/7	sechssiebtel	tchē sâthaajie	छे सताई	6/7th	six seventh	chē sâthâyee
7/8	siebenachtel	sâth âttâjie	सात अठाई	7/8th	seven eighth	sâth âttâyee
8/9	achtneuntel	aatt nâuwâjie	आठ नवाई	8/9th	eight nineth	ātt nauâyee
9/10	neunzehntel	nau dâßwâjie	नौ दसवाई	9/10th	nine tenth	nau dūsvâyee
1 ¼	eineinviertel	sâwaa ēk	सवा एक	1 ¼	one one fourth	sâwaa ēk
1 ½	eineinhalb	dēdd	डेढ़	1 ½	one and a half	dēdd
2 ½	zweieinhalb	ddâjie	ढाई	2 ½	two and a half	ddâyee
3 ½	dreieinhalb	sâddē tien	साढ़े तीन	3 ½	three and a half	sâddē teen
4 ½	viereinhalb	sâddē tchaar	साढ़े चार	4 ½	four and a half	sâddē chaar
5 ½	füfeinhalb	sâddē pañtch	साढ़े पाँच	5 ½	five and a half	sâddē pañch
6 ½	sechseinhalb	sâddē tchē	साढ़े छे	6 ½	six and a half	sâddē chē

Zahlen Sammelbegriff सामान्य संख्या
Collective Numbers

Wort	Lautumschrift	सामान्य संख्या	Word	Transliteration
Paar (n) oder	dschōdaa	जोड़ा (m) or	pair or	ēkaa ēk
Paar	dschōdie	जोड़ी (f)	pair	ādhaa
dutzend	dârrdschânn	दर्जन	dozen	dârjân
erstens	pêhlie baat	पहली बार	firstly	pêhlii baat
zweitens	dūsrie baat	दूसरी बार	secondly	dūsree baat
drittens	tiesrie baat	तीसरी बार	thirdly	teesrii baat
zum ersten Mal	pêhlie baar	पहली बार	for the first time	pêhlii baar
zum zweiten Mal	dūsrie baar	दूसरी बार	for the second time	dūsree baar
zum dritten Mal	tiesrie baar	तीसरी बार	for the third time	teesrii baar
einmal	ēk baar	एक बार	once	ēk baar
zweimal	dō baar	दो बार	twice	dō baar
dreimal	tien baar	तीन बार	thrice	teen baar
eine Sorte	ēk kîssâm kaa	एक किस्म का	a sort of	ēk kîsâm kaa

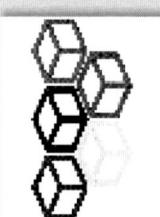

Diamonds are a girl's best friend!

Metall - Mineralien - Edelstein धातु – खिन – रत्न
Metals - Minerals - Precious Stones

Deutsch	Lautumschrift	Hindi	English	Transliteration
Achat (m)	sûllēmânie pâthârr	सुलेमान पत्थर (m)	agate	sûlēmânii pâthâr
Aluminium (n)	hâllkie dhâtû	हल्की धातु (m)	aluminium	hâlkee dhâtû
Amethyst (m)	âmēthhîsttâ	अमेथिस्ट	amethyst	âmaythhîsttâ
Aquamarin (n)	bērûndsch	बेरंज (m)	aquamarine	bērûnj
Arsen (n)	hâllkie dhâtû	हल्की धातु (m)	aluminium	hâlkee dhâtû
Beryll	bērill	बेरिल	beryll	bāyrilâ
Bitumen (n)	sânnkhiejaa	संखिया (m)	arsenic	sânkhiiyaa
Blech (n)	ttinn	टिन (m)	sheet metal	ttin
Blei (n)	siesaa	सीसा (m)	lead	seesaa

Diamant (m)	hieraa	हीरा (m)	diamond	heeraa
Eisen (n)	lōhaa	लोहा (m)	iron	lōhaa
Feuerstein (m)	tchâkk-mâkk pâthârr	चकमक पत्थर (m)	flintstone	châkmâk pâthâr
Gold (n)	sōnaa	सोना (m)	gold	sōnaa
Granat (m)	gārnētt	गार्नेट (m)	garnet	gārnētt
Holzkohle (f)	lâkkdie kaa koilaa	लकड़ी का कोयला (m)	charcoal	lākdii kaa koilaa
Jade (f)	hârrîtmâññî	हरितमणि (m)	jade	hârrîtmâñî
Kohle (f)	koilaa	कोयला (m)	coal	koilaa
Koralle (f)	mūñgaa	मूंगा (m)	coral	mūñgaa
Kreide (f)	khâddîjaa	खड़िया (f)	chalk	khâdîyaa
Kristall (m)	bîllaur	बिलौर (m)	crystal	bîlaur
Kupfer (n)	tāmbaa	तांबा (m)	copper	tāmbaa
Lapis Lazuli (n)	weidūrjâ	वैदूर्य (m)	Lapis lazuli	waidūryâ
Marmor (m)	sânngmârrmârr	संगमरमर (m)	marble	sânngmârmâr

Deutsch	Lautumschrift	Hindi	English	Transliteration
Messing (n)	pietâll	पीतल (m)	brass	peetâl
Metall (n)	dhâtû	धातु (m)	metal	dhatû
Mondstein (m)	chânndrâkânt'mâññie	चन्द्रकान्तमणि (m)	moonstone	chândrâkant'mâñiie
Onyx (n)	gōmēdâkk râtnâ	गोमेदक रत्न (m)	onyx	gōmēdâk râtnâ
Opal (n)	dūdhîjaa pâtthârr	दूधिया पत्थर (m)	opal	dūdhîyaa pâthâr
Perle (f)	mōtie	मोती (m)	pearl	mōtee
Peridot (n)	dschâbbârrdschaad	जवर्जाद	peridot	jâbârjaad
Quarz (m)	mâñîkkaa	माणिक (m)	ruby	mâñîkaa
Quecksilber (n)	pāraa	पारा (m)	mercury	pāraa
Rosenquarz (m)	sfâttîk	स्फटिक (m)	rose quarz	sfâttîkâ
Rubine (m)	mâñîkk	माणिक (m)	ruby	mâñîk
Schwefel (n)	gânndhâkk	गन्धक (f)	sulphur	gândhâk
Silber (n)	tchâñdie	चाँदी (f)	silver	chañdii

German	Transliteration	Hindi	English	Pronunciation
Saphir (m)	**nielâmm**	नीलम (m)	sapphire	neelâm
Smaragd (m) oder	**mârrkât**	मरकत (m)	emerald or	mârkât
Smaragd (m)	**pânnaa**	पन्ना (m)	emerald	pânnaa
Stahl (m)	**îspât / faulaad**	इस्पात (m) फौलाद (m)	steel	îspat / faulaad
Steinkohle (f)	**pâttârr koilaa**	पत्थर कोयला (m)	hard coal	pâttâr koilaa
Tigerauge (n)	**tâjgârr âjâ**	टायगर आय (m)	tiger's eye	tâigâr ây
Türkis (m)	**fierôsaa**	फ़ीरोज़ा (f)	turquoise	feerôzaa
Turmalin (n)	**tûrâmâllie**	तुरमली (f)	tourmaline	tûrâmâlee
Zink (n)	**dschâßtaa**	जस्ता (m)	zinc	jâstaa
Zinnoberrot (Adj.)	**sînndûr**	सिन्दूर (m)	vermilion	sîndûr
Zirkonia	**dschârkônîjâmm**	जर्कोनियम	zirconium	jârkôniyâm

◇ ◇

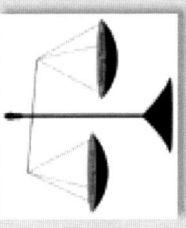

Maße-Gewichte-Volumen
Weights-Measures-Volumes

नाप-तौल-विस्तार

Deutsch	Lautumschrift	Hindi	English	Transliteration
Acre (m)	ēkâdd	एकाड़	acre	ekâdd
Breite (f)	tchaudâjie	चौड़ाई (f)	breadth	chaudāyee
Fathom (n) (aus der Schifffahrt)	sâmmûdrâ gâhârâjie maap	समुद्र गहराई माप (m)	fathom	sâmûdrâ gâhârâiie maap
Faß (n)(Maß für Rohöl/Wein)	piepa oder bârrêll	पीपा (m) or बैरल (f)	barrel	piipaa or bârêl
Fuß (m) (engl. Maß)	fûtt	फ़ुट (m)	foot	fûtt
Gallonen (pl).	gelânn	गैलन(m)	gallon	gâylân
Gewicht (n)	wâzânn	वज़न (m)	weight	wâzân
Gramm (n)	grâmm	ग्राम (m)	gram	grâm
Größe (f)	âkaar	आकार (m)	size	âkaar
Hektar (n)	hêkktârr	हेक्टार (m)	hectare	hêkttâr
Hektoliter (n)	hêkktō'litârr	हेक्टोलिटर (m)	hectolitre	hêktō'litâr

German	Hindi	Transliteration	English	Transliteration
Höhe (f)	उँचाई (f)	ũñtchãjie	height	ũñchâyee
Karat (n)	कॅरट (m)	kärrät	carat	kârât
Kilo (n)	किलो (m)	killō	kilo	killō
Kilogramm (n)	किलोग्राम (m)	killōgrãm	kilogram	kilōgrãm
Kilometer (n)	किलोमीटर (m)	killōmietârr	kilometre	kilōmeetâr
kubik (adj.)	घनाकार (m)	ghânnâkār	cubic	ghânâkâr
Kubikmeter (n)	घनमीटर (m)	ghânn'mietârr	cubic metre	ghânmeetâr
Kubital (n) (alter Elbogenmaß)	हाथ माप (m)	haath maap	cubit (old measure using elbow)	haath maap
Länge (f)	लम्बाई (f)	lâmmbãjie	length	lâmbâyee
Lineal (n)	पटरी (f)	pâttârie	ruler	pâttâree
Liter (n)	लिटर (m)	littârr	litre	littâr
Maßband (n)	नापने का फ़ीता (m)	nâpnē kaa fietaa	tape measure	nâpnē kaa fiitaa
Maße (f)	माप (m)	maap	measure	maap
Meile (f)	मील (m)	miel	mile	meel
Meter (n)	मीटर (m)	mietârr	metre	meetâr
Milliliter (n)	मिलिलीटर (m)	mîll'lie lietârr	millilitre	milii'leetâr
Millimeter (n)	मिलिमीटर (m)	mîll'lie-mietârr	millimetre	millimeetâr

Deutsch	Lautumschrift	Hindi	English	Transliteration
Pfund (n)	paund	पौन्ड (m)	pound	paund
Quadratmeter (n)	wârrg-mietârr	वर्ग मीटर (m)	square metre	vârg - meetâr
Spannbreite (f)	bîttaa	विता (m)	span	bîtaa
Tempo (n)	kâdâmm kaa maap	कदम की माप (m)	pace	kâdâm kaa maap
Tiefe (f)	gâhârâjie	गहराई (f)	depth	gâhârâyee
Tonnen (pl.)	tânn	टन (m)	metric ton	ttân
Unze (f)	aunß	आउन्स (m)	ounce	auns
Waage (f)	târrâsū	तराजू (f)	balance	târâsū
Yard (n) (engl. Maß)	gâddsch	गज (f)	yard	gâj
Zentimeter (n)	sênntimietârr	सेंटिमीटर (m)	centimetre	sêntîmeetâr
Zoll (m) (engl. Maß)	înntch	इंच (m)	inch	înch
Zollstock (m)	fôldînng rûlârr	फोल्डिंग रुलर (m)	folding ruler	fôldíng rûlârr

Umrechnungstabelle / Conversion table :

1 Millimeter / 1 millimetre	=	0.03937079 inches
1 Zentimeter / 1 centimetre	=	10 Zentimeter / 10 centimetres = 0.3937 inches
1 Meter / 1 metre	=	100 Zentimeter / 100 centimetres = 3.281 feet
1 Kilometer / 1 kilometre	=	1000 Meter / 1000 metres = 0.62138 miles
1 inch	=	2,54 Zentimeter / 2.54 centimetres
1 foot	=	12 inches (30.48 Zentimeter / 30.48 centimetres)
1 yard	=	3 feet (91.44 Zentimeter / 91.44 centimetres)
1 mile	=	5280 feet (1.609 Kilometer / kilometres)
1 acre	=	4046,8 qm / 4046.8 sq. metres
1 Tonne	=	1000 Kilogramm / 0.984 metric tons
1 ounce	=	28,35 Gramm / 28.35 grams
1 pound	=	16 ounces (453,59 Gramm / 453.59 grams)
1 ton	=	2,240 pounds (1016,05 kg)
1 stone	=	14 pounds (6,35 Kilogramm / 6.35 kilogram)

Kleidung: Größe / Clothing: sizes	UK (Vereinigtes Königsreich) United Kingdom	Deutschland / Österreich / Schweiz Germany / Austria / Switzerland	US (Vereinigten Staaten) The United States of America
Herrenhemden: Men's shirt size:	14, 14.5, 15, 15.5, 16, 16.5, 17	36, 37, 38, 39, 40, 41, 42, 43	14, 14.5, 15, 15.5, 16, 16.5, 17
Herrenanzüge: Men's suits:	36, 38, 40, 42, 44, 46, 48	46, 48, 50, 52, 54, 56, 58	36, 38, 40, 42, 44, 46, 48
Herrenschuhe: Men's shoes:	7, 7.5, 8.5, 9.5, 10.5, 11	41, 42, 43, 44, 45, 46	7, 7.5, 8.5, 9.5, 10.5, 11.5, 12

Kleidung: Größe / Clothing: sizes	UK (Vereinigtes Königsreich) United Kingdom	Deutschland / Österreich / Schweiz Germany / Austria / Switzerland	US (Vereinigten Staaten) The United States of America
Damenschuhe: Women's shoes:	4.5, 5, 5.5, 6, 6.5, 7	38, 38, 39, 39, 40, 41	6, 6.5, 7, 7.5, 8, 8.5

Stadt - Dorf - Infrastruktur
City - Village - Infrastructure

नगर - गाँव
इनफ्रास्ट्रक्चर

Deutsch	Lautumschrift	Hindi	English	Transliteration
Abwasser (n)	gânndaa pânie	गंदा पानी (m)	waste water /sewage	gândaa pânii
Ausstellungsgelände (n)	prâdârschânie kaa meidān	पदर्शनि का मैदान (m)	exhibition grounds	prâdârshânii kaa maidān
Auto (n)	(mõtârr) kaar	(मोटर) कार (f)	(motor) car	(mõtâr) kaar
Autobahn (f) oder	prâdhân sâddâkk	पधान सड़क (f)	motorway / highway	prâdhân sâddâk
Autobahn (f)	mõtârr kie sâddâkk	मोटर की सड़क (f)	motorway / highway	mõtâr kee sâddâk
Bahn (f)	rēl / rēlwē	रेल (f) / रेल्वे (f)	rail / railway	rēl / rēlvē
Bahnsteig (m)	(rēl kaa) plētfârmm	(रेल का) प्लेटफ़ार्म (m)	(rail) platform	(rēl kaa) plētfârmm
Bahnhof (m)	rēlwē stēschânn	रेल्वेस्टेशन (m)	railway station	rēlvē stēshân
Bahnhofshalle (m)	stēschnn kaa hõl	रेल्वे स्टेशनका हॉल (m)	concourse	stēshân kā hall
Bahnstrecke (f)	rēlwē lājinn	रेल्वे लाइन (f)	railway line	rēlvē lāyin

German	Hindi	(Transkription)	English	(transliteration)
Bahnübergang (m)	रेल्वे क्रासिंग (f)	rēlwē krāsinng	railway crossing	rēlwē krāsing
Bauer (m)	किसान (m) / कृषक (m)	kißaan / krîschâkk	farmer / peasant	kisān / krîshâk
Bäuerin (f)	किसान औरत (m) / कृषिका (m)	kîsaan / aurât / krîschîkaa	woman farmer / women peasant	kisân âurât / krîshîkaa
Behörde (f)	सरकारी दफ्तर(m)	sarkarie dafftar	public authority	vibhaag
Boden (m) Erdoberfläche	भूमि (m)	bhūmie	ground / soil	bhūmii
Buchhandlung (f) oder	किताब की दुकान (f)	kîttâb kie dûkkân	bookshop or	kîtâb kii dûkân
Buchhandlung (f)	बुक शाप (m)	bûkk schâp	bookshop	bûk shâp
Büro (n)	दफ्तर (m)	dâfftârr	office	dâftâr
Brücke (f)	पुल (m)	pûll	bridge	pûl
Brunnen (m)	कूआँ (m)	kûãã	well	kûãã
Bus (m)	बस (f)	bâß	bus	bûs
Bushaltestelle (f)	बस स्टाप (m)	bâß staap	bus stop	bûs staap
Dorf (n)	गाँव (m) / ग्राम (m)	gããw / graam	village	gããv / graam
Dorfbewohner (m) oder	ग्राम निवासी (f)	graam nîwaaßie	village	grām nîvāsee
Dorfbewohner (m)	ग्रामीण (m)	graamieñ	villager or	grāmeeñ

Deutsch	Lautumschrift	Hindi	English	Transliteration
Dorfbewohnerin (m)	gâw-wâlie	गाँववाली	villager / villager(female)	grāmeeñ / gav-valii
Dorfparlament (n)	graam pânntchâjât	ग्राम पंचायत (m)	village parliament	grām panchāyat
Eisenbahnverkehr (m)	rēl jātājât	रेल यातायात (m)	rail traffic	rēl yātāyāt
Elektrizitätswerk (n)	bidschlieghârr	विजलीघर (m)	(electric) power station	bijleeghârr
Ernte (f)	fâßâll / ûppâddsch	फ़सल (f) उपज (m)	harvest	fâsâl / ûpâj
Fahrbahn (f)	rōdwē	रोडवे (m)	roadway	rōdwē
Feld (n) Ackerland	khēt	खेत (m)	field	khēt
Feldweg (m)	kâttchie sâddâk	कच्ची सड़क (m)	country lane	kâcchee sâdâk
Flughafen (m) oder	wiemān pâttânn	विमान पत्तन (m) or	airport or	weemān pâttân
Flughafen (m)	ējêrrpōrt	एयरपोर्ट (m)	airport	ēyêrpōrt
Flugverkehr (m)	hâwwâjie jātājât	हवाई यातायात (m)	air traffic	hâvāyee yātāyāt
Fremdenführer (m)	mārgâdârrschâkk	मार्गदर्शक (m)	tourist guide	mārgâdârshâk
Fremdenführerin (f)	mārgâdârrschikkaa	मार्गदर्शिका (f)	tourist guide (female)	mārgâdârshikaa
Fremdenverkehrsamt (n)	pârrjâttâk dâfftârr	पर्यटक दफ्तर (m)	tourist office	pâryâttâk dâftâr
Gasse (f)	gâllie	गली (f)	narrow lane / alley	gâlii

Geschäft (m)/Laden(m)	dûkkân / schâp	दूकान (f)/शाप (m)	shop	dûkân / shâp
Hafen (m)	bânndârrgâhâ	बंदरगाह (m)	harbour	bândârgâhâ
Haltestelle (f)	staap	स्टाप (m)	stop	staap
Industrie (f)	ûdhyõg	उद्योग (m)	industry	ûdhyõg
Jahrmarkt (f)	mēlaa	मेला (m)	fair	mēlaa
Kanal (m)	nâhârr / nâlaa	नहर (f) / नाला (m)	canal	nâhâr / nâlaa
Kino (n)	sinnēmaa	सिनेमा (m)	cinema	sînēmaa
Kindertagesstätte (f)	dainïkk kindergarten	दैनिक किंडरगार्टन (m)	daynursery	dainïk kindergarten
Kirche (f) oder	girrdschâghârr	गिरजाघर (m)or	church or	gîrjâghâr
Kirche (f)	tchârrtch	चर्च (m)	church	chârch
Kommunalverwaltung (f)	mjûnîsîpâlîtî	म्यूनिसिपलिटि(f) /	municipality	myûnîsîpâlîty
	nâgârr-nîggâmm	नगरनिगम (m)		nâgârr- nîgâm
Krankenhaus (n)	âßpâttâl	अस्पताल (m) /	hospital	âspâtâl
	tchikittsâlâjjâ	चिकित्सालय (m)		chikîtsâlâya
Kunstausstellung (f)	kâllaa prâdârrschânnie	कला-प्रदर्शनी (f)	art exhibition	kâlaa prâdârshânii
Kunstdünger (m)	khânnîdsch ûttpâdâkk	ख्वानिज उत्पादक (m)	artificial fertilizer	khânîj ûttpâdâk
Landstraße (f)	grâmieñsâddâkk	ग्रामीण सड़क (f)	country road	grâmeeñ sâddâk

Deutsch	Lautumschrift	Hindi	English	Transliteration
Markt (m)	bāzaar	वाज़ार (m)	market	bāzaar
Messe (f) Wirtschaft	mēlaa	मेला (m)	trade fair	mēlaa
Moschee (f)	māßdschidd	मसिजद (f)	mosque	mâsjid
Museum (n) oder	sânngarâhâlâjâ	संग्रहालय (m)	museum or	sângrâhâlâyâ
Museum (n)	âdschâjâbbghârr	अजायघर (m)	museum	âjâyâbghâr
Park (m)	ûdhjân / baag	उद्यान (m)बाग (m)	park	ûdhyân / baag
Pfad (m)	pâggdâññdie / bâttijaa	पगडण्डी (f)बिटिया (f)	path	pâgdâñdii / bâttiyaa
Postamt (n)	dhâkghârr	डाकघर (m)	post office	dhākghâr
Restaurant oder	bhôdschânnâlâjâ	भोजनालय (m) or	restaurant or	bhôjânâlâyâ
Restaurant	rêßtaurânt	रेस्टोरेंट (m)	restaurant	rêstaurânt
Schiff (n)	dschâhâz / pôth	जहाज (m) / पोत (m)	ship	jâhāz / pôth
Schiffbau (m) oder	dschâhâzsâzie	जहाज़साजी (f) or	ship-building or	jâhâz -sâzee
Schiffbau (m)	dschâhâz-nîrrmaañ	जहाज़ निर्माण (m)	ship-building	jâhāz -nîrmaañ
Schiffahrt (f)	hau tchâlânn	नौचालन (f)	navigation	jnau châlân
Schiffer (m)	mâllâhâ / nâwîkk	मल्लाह (m)/नाविक (m)	bargee	mâlâhlâ / nâvîk

Deutsch	Transliteration	Hindi	English	Transliteration
Schiffsverkehr (m)	pōt-pârîwâhâñ	पोत-परिवहण (m)	shipping	pōt-pârîwâhâñ
Schule (f) oder	pātschālaa / skūl	पाठशाला (m) or स्कूल (m)	school or	pāttshālaa / skūl
Schule (f)	widhjālājä	विद्यालय (m)	school	vîdhyālâyä
Sportplatz (m)	khēl-kūd kaa meidān	खेल-कूद का मैदान (m)	sports ground	khēl-kūd kaa maidān
Stadt (f)	nâgârr / shēhârr	नगर (m) / शहर (m)	city	nâgâr / shēhâr
Strasse (f)	rāstaa / sâddâkk	रास्ता (m) / सड़क (f)	street / lane	rāstaa / sâddâk
Strassenbahn (f)	traam	ट्राम (m)	tram	traam
Strassenbau (m)	sâddâkk nîrrmaañ	सड़क निर्माण (m)	road construction	sâdâk nîrrmaañ
Strassenbeleuchtung (f)	sâddâkk kie bâttie	सड़क की बत्ती (f)	street light	sâdâk kii bâttii
Strassenverkehr (m)	trafikk/jätäjät	ट्रैफ़िक / यातायात(m)	traffic	trēfîk / yātāyāt
Strecke (f) Ausdehnung	feilaaw / wißtaar	फैलाव (m) विस्तार (m)	stretch	feilaaw / vîstaar
Strecke (f) Entfernung	dūrie	दूरी (f)	distance	dūree
Strecke (f) Linie	lāinn	लाइन (f)	line	lāin
Strom (m) Elektrizität	widhjūthdhāraa	विद्युत धारा (f)	current	vîdhyūthdhāraa
Stromausfall (m)	bidschlie dschānā	बिजली जाना	power failure	bijlee jānā
Stromverbrauch (m)	bidschlie kaa ūppjōg	बिजली का उपयोग (m)	power consumption	bijlee kaa ûpyōg
Stromversorgung (f)	bidschlie kie sâppleijie	बिजली की सप्लाई (f)	power supply	bidschlie kie sâpplaiyee

Deutsch	Lautumschrift	Hindi	English	Transliteration
Taxi (n)	têkksie	टैक्सी (f)	taxi	têxsee
Taxistand (m)	têkksie stênnd	टैक्सी स्टैंड (m)	taxi stand	têxsee stênd
Tempel (m)	mânndirr / dêwãlãjjã	मंदिर (m) / देवालय	temple	mândir / dêvãlâyâ
Theater (n)	nãtjãschãlaa	नाट्यशाला (f)	theatre	nãtyãshãlaa
Toilette (f) oder	schautchghãrr	शौचघर (m) / or	lavatory or	shauchghârr
Toilette (f)	schautchãlãjjã	शौचालय (m)	toilet	shauchãlâyâ
Transport (m)	pârrîwãhân / trânsport	परिवहन (m)ट्रांसपोर्ट (f)	transport	pârîvãhân / trânsport
U-Bahn (f)	mêtrõ / ûnndãrrgraund	मेट्रो (m)अंडरग्राउन्ड (f)	underground subway	mêtrõ / ândârgraund
Universität (f) oder	wîschwâî - widhjãlãjjã	विश्वविद्यालय (m)	university or	vîshwâ - vîdhyãlâyâ
Universität (f)	jûnîwârrstie	यूनिवर्सिटी (m)	university	yûnîvârsîty
Verkauf(m)	bîkrie	बिक्री (m)	sale	bîkrie
Verkäufer (m)	bêtchnêwãlaa	बेचनेवाला (m)	seller / vendor	bêchnêwãlaa
Verkäuferin (f)	bêtchnêwãlie	बेचनेवाली (f)	seller / vendor	bêchnêwãlii
Verkehrsampel (f) oder trêfikk bâthie	trêfikk bâthie	ट्रैफ़िक-बत्ती (m)	traffic lights or	trêfîk bâthii
Verkehrsampel (f)	trêfikk leitt	ट्रैफ़िक-लाइट (m)	traffic light	trêfîk leitt
Verkehrsmittel (n)	jãtãjãt	यातायात (m)	means of transport	yãtãyãt

Deutsch	Transliteration	हिन्दी	English	Transliteration
Verkehrspolizei (f)	jātājāt pillāß	यातायात पुलिस (f)	traffic police	yātāyāt pûlîs
Verkehrspolizist (m)	jātājāt pūlliß kaa sîpâhie	यातायात पुलिस का सिपाही (m)	traffic policeman	yātāyāt pûlîs kaa sîpâhii
Verkehrsregel (f)	jātājāt kaa nîjâmm	यातायात का नियम (m)	traffic regulation or	yātāyāt pûlîs kaa nâyâm
Verkehrsregel (f)	trēfīkk kaa nîjâmm	ट्रैफिक का नियम (m)	traffic regulation	trēfîk kaa nîyâm
Verkehrsteilnehmer (m)	jātājāt mē bhāg lēnēwālaa	यातायात में भाग लेनेवाला (m)	road user	yātāyāt mē bhâg lēnēwālaa
Verkehrsunfall (m)	sâddâkk dûrrghâttnaa	सड़क दुर्घटना (f)	road accident	sâdâk dûrghâttnaa
Verkehrszeichen (n)	jātājāt sânnkēt	यातायात संकेत (m)	road sign	yātāyāt sânkēt
Wasserstraße (f)	dschâll mārg	जल मार्ग (m)	waterway	jâl mārg
Wasserwerk (n) oder	dschâll kârjālâjâ	जल कार्यालय (m) or	waterworks or	jâl kâryālâyâ
Wasserwerk (n)	wātârr wârrkß	वाटर वर्स (m)	waterworks (n)	wātâr wârks
Wolkenkratzer (m)	ûntchie îmmârât	ऊंची इमारत (f)	skyscraper	ûnchii îmârât
Zug (m)	(rēl) gādie	(रेल) गाड़ी (f)	train	(rēl) gādii
Zugbrücke (m)	ûttaaû pûll	उठऊ पुल (m)	drawbridge	ûttaaû pûl
Zugführer (m)	mûkhjâ gaard	मुख्य गार्ड (m)	guard	mûkhyâ gaard

Haushalt - Möbel -Kleidung
Household - Furniture -Clothing

गृहस्ती-फर्निचर कपड़े

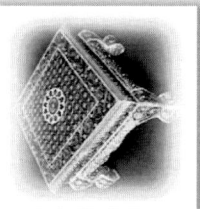

Deutsch	Lautumschrift	Hindi	English	Transliteration
Anzug (m) (Kleidung)	sūt / pōschāk	सूट (m) / पोशाक (f)	suit (clothing)	sūt / pōshāk
Badezimmer (n) oder	gůssāllkhānaa	गुसलख़ाना (m) or	bathroom or	gůsālkhānaa
Badezimmer (n)	snānghārr	स्नानघर (m)	bathroom	snānghār
Balkon (m)	bārāmdaa	बरामदा (m)	balcony	bārāmdaa
Besen (m) / Feger	dschhāddū	झाड़ु (m)	broom	dschhāddū
Bett (n)	pālāngg / tchārpājie	पलंग (m) / चारपाई (f)	bed	pālāng / chārpāyee
Bettdecke (f)	kāmmbāll	कंबल (m)	blanket	kāmbāl
Bettlaken (f)	tchāddār / bißtārr	चद्दर (m) / बिस्तर (m)	bedsheet	chādārr / bîstâr
Bild (n)	tchîttrā / tāßwier	चित्र (m) / तस्वीर (f)	picture	chîttrā / tāsweer

German	Transliteration	Devanagari	English	Transliteration
Blume (f)	phūl	फूल (m)	flower	phūl
Blumentopf (m)	gāmmlaa	गमला (m)	flower pot	gâamlaa
Blumenvase (f)	phūldaan	फूलदान (m)	flower vase	phūldaan
Bluse (f)	blauß / schâllûkaa	ब्लाउज (m) / शालूका (m)	blouse	blaus / shâlûkaa
Bratpfanne (f)	kâhddāhie	कढ़ाही (f)	frying pan	kâhddāhii
Brille (f)	einâkk /tchâschmaa	ऐनक (f) / चश्मा (m)	spectacles / glasses	ainâk / châshmaa
Buch (n)	pūßtâkk / kitaab	पुस्तक (f) / किताब (f)	book	pûstâk / kîtaab
Bücherschrank (m)	pūßtâkk kie âllmârie	पुस्तक की अलमारी (f)	bookcase	pûstâk kee âlmārii
Büstenhalter (m)	ânngîjaa	ऑंगिया (f)	bra	ângîyaa
Deckel (m)	ddâkkânn	ढक्कन (m)	lid	ddâkân
Dielenschrank (f)	dālaan kie âllmārii	दालान की अलमारी (f)	corridor cupboard	dālaankee âlmārii
Dusche (f) oder	fūhārsnān	फुहार स्नान (m) or	shower or	fūhārsnān
Dusche(f)	fauwārāsnān	फौवारा स्नान	shower	fauwārāsnān
Eimer (m)	bāltie	वालटी (f)	bucket	bāltee
Einkaufstasche (f) oder	schãppînng theilaa	शॉपिंग थैला (m) or	shopping bag or	shãping thailaa

Deutsch	Lautumschrift	Hindi	English	Transliteration
Einkaufstasche (f)	schäppinng beigg	शॉपिंग बैग (m)	shopping bag	shâpîng baig
Etage (f)	mânnzill	मंज़िल (f)	floor / storey	mânnzill
Erdgeschoß (n)	nietchē kie mânnzill	नीचे की मंज़िल (f)	ground floor	neechē kii mânnzill
Fenster (n)	khîddkie	खिड़की (f)	window	khîddkee
Fernseher (m) oder	dūrdârrschânn	दूरदर्शन (m) or	television or	dūrdârshân
Fernseher (m)	tēliewidschânn	टेलीविज़न (m)	television	tēleevîshân
Flur / Diele (m)	dālaan	दालान (m)	corridor	dālaan
Füllfederhalter (m) oder	fauntênn pên	फाउंटेनपेन (m) or	fountain pen or	fauntên pên
Füllfederhalter (m)	kallamm	कलम (m)	fountain pen	kalam
Fußboden (m)	fârrsch	फ़र्श (m)	floor (room)	fârsh
Fußmatte (f)	tchâttâjie	चटाई (f)	doormat	châttâyee
Gabel (f)	kãntaa	कॉंटा (m)	fork	kãntaa
Gardine (f)	pârdâh	परदा (m)	curtain	pârdâh

German		Hindi		English
Geschirr (n)	bârtânn	वरतन (m)	bârtân	dishes/ kitchenware
Geschirrspüler (m)	dischwâschârr	डिशवाशर (m)	dísh wâshâr	dish washer
Handfeger (m)	hâth kaa dschhâddü	हाथ का झाड़ू (m)	hâth kaa jhhâddü	hand broom
Haus (m)	ghârr	घर (m)	ghâr	house
Heft (n)	nõtbükk	नोट बुक (m)	nõtbük	notebook
Hemd (n)	kûrrtaa / kâmmieß	कुरता (m) / कमीज़ (f)	kûrtaa / kâmees	shirt
Herd (m)	tchûlhaa	चूल्हा (m)	chūlhaa	stove / cooker
Hocker (m)	tipājie	तिपाई (f)	tippāyee	stool
Hof (m)	ângânn / tchauk	आंगन (m) / चौक (m)	ângân / chauk	courtyard
Hose (f)	pâtlûn / peintt	पेंट (m)	pâtlūn / paintt	pants / trouser
Hut (m)	ttõpie	टोपी (f)	ttõpee	hat / cap
Kessel (m)	kēt llie	केतली (f)	kētlii	kettle
Kissen (n)	tâkkijaa / sîrrhânaa	तकिया(m)/ सिरहाना (m)	tâkîyaa / sîrhânaa	pillow
Kleidung (f)	wâßstrâ / pârridhaan	वस्त्र (m) / परिधान (m)	vâstrâ / pârîdhaan	clothing / dress

Deutsch	Lautumschrift	Hindi	English	Transliteration
Kochtopf (m) oder	pâkkânē kaa pâtrâ	पकाने का पात्र (m) or	cooking pot or	pâkānē kaa pātrâ
Kochtopf (m)	pâkkânē kaa bârrtânn	पकाने का बर्तन (m)	cooking pot	pâkānē kaa bârtân
Koffer (m)	sânndûk / trânnk	ट्रंक (m)	trunk / suitcase	sândūk / trânk
Kommode (f)	dârrâzdâr tchôtie âllmârie	दराज़दार छोटी अलमारी (f)	chest of drawers	dârâzdâr chôtii âlmārii
Krawatte (f)	nêktâjie	नेकटाई (m)	neck tie	nêktâyee
Krug (m) / Kanne (f)	dschâgg	जग (m)	jug / pitcher	jâg
Küche (f)	râßôjie ghârr / kîtchânn	किचन (f)	kitchen	râsôyee ghârr / kîchân
Kugelschreiber (m)	baalpēn	वालपेन (m)	ballpoint pen	baalpēn
Kühlschrank (m) oder schietâkk jânntrâ	schietâkk jânntrâ	शीतक यंत्र (m) or	refrigerator or	sheetâk yântrâ
Kühlschrank (m)	rêffrie'dschârretârr	रेफ्रिजरेटर (m)	refrigerator	rêfriigêrêtôr
Läufer (m)	dschâdschâmm	जाजम (m)	runner rug	jâjâmm
Lampe (f)	diepâkk / laimpp	दीपक (m) / लैंप (m)	lamp	deepâk / laimpp
Löffel (m)	tchâmmtchaa	चम्चा (m)	spoon	châmchaa

Messer (n)	tchhûrie / tchākū	छुरी (f) / चाकू (m)	knife	chhûri/ chākū
Miete (f)	kîrrājaa / bhādaa	किराया (m) / भाड़ा (m)	rent	kirāyaa / bhādaa
Mietkauf (m)	kîrrājaa khârried	किराया ख़रीद (m)	purchasing on rent	kirāyaa khâreed
Mietshaus (n)	kîrrājē kaa ghârr	किराये का घर (m)	block of flats on rent	kîrāyē kaa ghâr
mieten (m)	kîrrājē pârr lēnaa	किराये पर लेना	to rent	kirāyē pâr lēnaa
Milchtopf (m)	dūdh kaa bârrtânn	दूध का बर्तन (m)	milkpot	dūdh kaa bârtān
Pfanne (f)	kâhddāhie / tâwaa	कड़ाहि (f) / तवा (m)	pan	kâddāhii / tâvaa
Porzellan-Geschirr(n)	tchienie kē bârrtânn	चीनी के बर्तन (m)	porcelain crockery	chiinee kē bârtān
Rahmen (m) (für Bilder)	tchaukhâttaa / frēm	चौखटा (m) / फ्रेम (m)	frame	chaukhâttaa / fraym
Radio (n)	rēdiejō	रेडियो (m)	radio	rāydiiyō
Rasen (m)	ghâs kaa meidaan	घास का मैदान (m)	grass, lawn	ghâs kaa maidān
Regal (n)	schêllf	शेल्फ (m)	shelf	shêlf
Schalter (m)	swîttch	स्विच (m)	switch	swîtch
Schlafzimmer (n)	sōnē kaa kâmmraa	सोने का कमरा (m)	bedroom	sōnē kaa kâmraa

Deutsch	Lautumschrift	Hindi	English	Transliteration
schleudern	nittchōdnaa	निचोड़ना	spin drying	nîchõdnaa
Schloß (n)	tālaa	ताला (m)	lock	tālaa
Schreibfeder (m)	kâllâmm	कलम (f)	pen	kâlâm
Schuh (m)	dschūtaa	जुता (m)	shoe	jūtaa
Schuhschrank (m)	dschūtē kie âllmārie	जुते की अलमारी (f)	shoe cupboard	jūtay kee îlmārie
Schlüssel (m)	tchābie	चाबी (f)	key	chābii
Schüssel (f) (klein)	thālie / râkkābie	थाली (f) / रकाबी (f)	vessel (small)	thālii / râkābii
Schüssel (f) (groß)	pârrāt / tâscht	परात (f) / तश्त (m)	vessel (big)	pârrāt / tâsht
Sieb (n)	tchhâllnie	छलनी (f)	sieve	chhâlnii
Sofa (n)	sōfaa	सोफ़ा (m)	sofa	sōfaa
Spiegel (m)	schieschaa	शीशा (m)	mirror	sheeshaa
Spielzeug (m)	khîllaunaa	खिलौना (m)	toy	khîlaunaa
Spülbecken (n)	tchâhâbâttchaa	चहव्च्चा (m)	kitchen sink/ wash basin	châhâbâcchaa

German	Pronunciation	Hindi	English	Transliteration
Staublappen (m)	dschhãdãnn	झाड़न (m)	cloth duster	jhādân
Staubsauger (m)	wêkkjûm klienârr	वेक्यूम क्लीनर (m)	vaccum cleaner	vêkyūm kliinâr
Steingut (n)	mîttie kaa bârtânn	मिट्टी का बर्तन (m)	crockery	mîttii kaa bârtân
Strumpf (m)	mōzaa	मोज़ा (m)	stocking	mōzaa
Stuhl (m)	kûrrsie	कुर्सी (f)	chair	kûrsee
Tapete (f)	diewãrie kãgãzz	दीवारी कागज़ (m)	wall paper	deewãrii kãgãz
tapezieren (vt.)	diewãr pàrr	दीवार पर	wall papering	deewãr pàr
	kãgãzz lãggãnaa	कागज़ लगाना		kãgãz lãgãnaa
Tasse (f)	pjãlaa	प्याला (m)	cup	pyãlaa
Teekanne (f)	tchãj-dãnie	चायदानी (f)	teapot	chai-dãnii
Teller (m) klein	tãsch-tãrrie	तश्तरी (f)	plate (small)	tâsh-târii
Teller (m) groß	thãlie	थाली (f)	plate (big)	thãlii
Teppich (m)	dãrrie / kãlien	दरी (f) / कालीन (m)	carpet	dãrii / kãleen
Terasse (f)	tchãbũtãraa / tchautãrraa	चबूतरा (m) / चौतरा (m)	terrace	châbũtãraa / chautârraa

Deutsch	Lautumschrift	Hindi	English	Transliteration
Tisch (m)	mēz	मेज़ (f)	table	mēz
Tischlampe (f)	tēbūll leimpp	टेबुल लैंप (m)	table lamp	tēbūl laimp
Topf (m)	bârrtânn	बर्तन (m)	pot / vessel	bârtân
Treppe (f)	sieddie	सीढ़ी (f)	stairs	seedee
Truhe (f)	sânndūk/pêtie	संदूक (m)/ पेटी (f) /	trunk	sândūk/pētii
Truhe (f)	trânnk	ट्रंक (m)	trunk	trânk
Tür (f)	dârrwâsaa / dwaar	दरवाज़ा (m)/ द्वार (m)	door	dârvâsaa
Unterhemd (n)	bânnijaan	वनियान (f)	vest / undershirt	bânîyaan
Unterhose (f)	dschânghijaa kâttchaa	जाँघिया (m) / कच्छा (m)	underpants	jânghîyaa kâchchhaa
Untermieter (m)	kîrrâjēdâr	किरायेदार (m)	sub-tenant	kîrāyēdār
Unterrock (m)	pêttiekōt	पेटीकोट (m)	petticoat	pēttikōt
Ventilator (m)	pânnkhaa	पंखा (m)	fan	pânkhaa
Videorecorder (m)	wiediejō	वीडियो (m)	video recorder	veediiyō
Vitrine (f)	schō'kēs	शो केस (m)	showcase	schō'kēs

German		Devanagari	English	Hindi
Villa (f)	mâkkān	मकान (m)	villa	mâkān
Wand (f)	diewaar	दीवार (f)	wall	deewaar
waschen	dhōnaa	धोना	to wash	dhōnaa
Wäsche (f) (Kleidung)	kâppdē	कपड़े (pl.)	clothes	kâpdē
Wäscheschleuder (m)	kâppdē nîtchōddnē kie mâschien	कपड़े निचोड़ने की मशीन (f)	spin dryer	kâpdē nîchōddnē kee mâsheen
Waschmaschine (f) oder	dhûll âjie mâschien	धुलाई मशीन (f) or	washing machine or	dhûllâyii mâschiin
Waschmaschine (f)	wâschinng mâschien	वाशिंग मशीन (f)	washing machine	wâshîng mâschiin
Waschpulver (n)	wâschânng paudârr	वाशिंग पाउडर (m)	washing detergent	wâshîng paudâr
Waschschüssel (f)	tchîllmâttchie	चिलमची (f)	washbowl	chîlmâchii
Wecker (m)	âllârm ghâdie	अलार्म घड़ी (f)	alarm clock	âlârm ghâddii
wohnen (v)	rêhnaa / nîwaaß kârrnaa	रहना / निवास करना	reside/ stay / live	rêhnaa /nîvaas kârnaa
wohnhaft bei	kē saath rêhnêwālaa	के साथ रहनेवाला	residing with (at)	kē saath râhnēwālaa
Wohnküche (f)	beitâkk- râßōjie kaa kâmmraa	बैठक-रसोई का कमरा (m)	living room with pantry	beittâk- râsōyii kaa kâmraa

Deutsch	Lautumschrift	Hindi	English	Transliteration
Wohnort (m) oder	nîwaaß-sthān	निवास स्थान (m) / or	place of residence or	nîvâs-sthān
Wohnort	rêhnē kie dschâgâhâ	रहने की जगह	place of residence	rêhnē kii jâgâhâ
Wohnung (n)	flêtt	फ़्लैट (m)	flat	flâtt
Wohnverhältnisse (pl.)	rêhhnē kie hālât	रहने की हालत (f)	living condition	rêhnē kie hālât
Wohnviertel (n)	rêhhnē kaa môhlaa	रहने का मोहल्ला (m)	residential area	rêhnē kaa môhlaa
Wohnwagen (m)	rêhhnē kie gâdie	रहने की गाड़ी (f)	caravan / trailer	rêhnē kie gâdie
Wohnzimmer (m)	beittâkk / liwwînng rûm	बैठक (f) / लिविंगरूम (m)	living room	baittâk / livîng rûm
Zange (f)	tchîmmtie	चिमटी (f)	tongs	chîmtee
Ziegelstein (m)	ientt	ईंट (f)	brick	eentt
Zimmer (m)	kâmmraa	कमरा (m)	room	kâmmraa

Deutsch	Lautumschrift	Hindi	Transliteration	English
Archaeloge (m)	pûrawêtaa	पुरावेUπ	pûrāwētaa	archaelogist
Arzt (m) oder	tchîkkîttsâkk	चिकित्सक (m)	chîkîtsâk	doctor or
Arzt (m)	dâktârr	डॉक्टर (m)	dâktâr	doctor
Ärztin (f) oder	tchîkkîttsîkkaa	चिकित्सिका (f) or	chîkîtsîkaa	lady doctor or
Ärztin (f)	lêdie dâktârr	लेडी डॉक्टर (f)	lēdii dāktâr	lady doctor
Autor (m) Schreiber (m)	lêkhâkk / grânthkaar	लेखक(m)/ ग्रंथकार(m)	lēkhâk / grânthkaar	author / writer
Autorin (f) Schreiberin (f)	lêkhîkaa	लेखिका (f)	lēkhîkaa	woman author / woman writer
Bäcker (m)	naanbâjie	नानबाई (m)	naanbāyee	baker

German	German (Aussprache)	हिन्दी	English	transliteration
Bankangestellter (m)	beink kârrmâtchârii	बैंक कर्मचारी(m)	bank employee	baink kârmâchārii
Bankier (m)	beinkârr	बैंकर	banker	bainkârr
Bankkaufmann (m)	kârkūn	कारकून (m+f)	bank clerk	kârkūn
Bauer (m)	kißaan	किसान (m)	farmer	kisaan
Betelverkäufer (m)	tâmmōlie / pânwalaa	तंबोली(m)पानवाला (m)	betel seller	tâmōlee pânwâlaa
Bildhauer (m)	mûrtikâr/sânngâttträsch	मूर्तिकार (m)	sculptor	mūrtikâr sânngâtrāsh
Buchbinder (m)	dschîlldâ'sādsch	जिल्दसाज (m)	book binder	jïlldâ'sāj
Buchdrucker (m)	mûddrâkk	मुद्रक (m)	book printer	mûdrâk
Buchhalter/in (m+f)	lēkhâkaar / mûnniem	लेखाकार (m)/ मुनिम (m)	accountant	lēkhâkaar/mûneem
Buchhändler (m) oder	kittabfârrōsch	किताबफरोश (m) or	bookseller or	kitaab-fârōsh
Buchhändler (m)	pûßtâkk wîkkrētaa	पुस्तकविक्रेता (m)	bookseller	pûstâk vikrētaa
Buchhändlerin (f)	pûßtâkk wîkkrētikkaa	पुस्तक विक्रेतिका (f)	bookseller (female)	pûstâk vikrētikaa
Drogist (m)	mōdie / pânnsārie	मोदी (m) / पनसारी (m)	grocer	mōdii / pânsārii

Deutsch	Lautumschrift	Hindi	English	Transliteration
Drucker	mûdråkk	मुद्रक (m)	printer	mûdråk
Druckerin	mûdrîkaa	मुद्रिका (m)	lady printer	mûdrîkaa
EDV-Fachmann (m)	kâmmpjûtârr spêschâlliẞt	स्पेशलिस्ट (f)	computer specialist	kâmpyûtâr spêshâlîst
Elektriker (m)	bîddschâlie saaz	बिजलीसाज (m)	electrician	bîddschâlie saaz
Fährmann (m)	mâllâhâ	मल्लाह (m)	ferryman / boatman	mâlâhâ
Feger (m)	mêhtârr	मेहतर (m)	sweeper	mêhtâr
Fegerin (f)	mêhtârrânie	मेहतरानी (f)	woman sweeper	mêhtârânii
Fleischer (m)	mãs wîkkrêtaa	मांस विक्रेता (m)	meat seller	mãs vikrêtaa
Fischer (m)	mâhiegiir / mâttchûwaa	माहीगीर (m) / मछुवा (m)	fisherman	mâheegiir / mâchûvaa
Fischgeschäft (n)	mâttchlîjõ kie dûkân	मछलियों की दुकान (f)	fish shop	mâchhlîyõ kii dûkaan
Fischverkäufer (m)	mâttchlie bêtchnêwâlaa	मछली बेचनेवाला (m)	fish seller	mâchchlie bêchnêwâlaa

Fischverkäuferin (f)	mâttchlie bêtchnêwãlie	मछली बेचनेवाली (f)	fish seller (lady)	mâchchlie bêchnêwãlii
Friseur (m)	nâjie / hâddschãm	नाई (m) / हज्जाम (m)	hairdresser	nâyee / hâjãm
Gärtner (m)	mãlie	माली (m)	gardener	mãlee
Gärtnerin (f)	mãlinn	मालिन (m)	gardener	mãlîn
Geldverleiher (m)	bânnijaa	बनिया (m)	money lender	bânniyaa
Gemüseverkäufer (m)	sâbbziewãlaa	सब्जीवाला (m)	vegetable seller	sâbzeewãlaa
Gemüseverkäuferin (f)	sâbbziewãlie	सब्जीवाली (f)	vegetable seller (female)	sâbzeewãlii
Gepäckträger (m)	kûlie	कूली (m)	porter / coolie	kûlee
Goldschmied (m)	sûnnaar	सुनार (m)	goldsmith	sûnaar
Hebamme (f)	dãie	दाई (f)	midwife	dãii
Herausgeber (m)	sâmmpadâkk	सम्पादक (m)	publisher	sâmpãdãk
Ingenieur/in (m+f)	înndschienîjêrr	इंजीनियर (m)	engineer	înjeenîyêr
Journalist (m)	pâttrâkaar	पत्रकार (m)	journalist	pâttrâkaar

Deutsch	Lautumschrift	Hindi	English	Transliteration
Juwelier (m)	dschôhârrie	जौहरी (m)	jeweller	jõhãree
Kaufmann (m)	wjâpârie	व्यापारी (m)	businessman/trader	vyāpārii
Kauffrau (f)	wjâpârie	व्यापारी (f)	businesswoman/trader	vyāpārii
kellner (m)	wêtârr	वेटर (m)	waiter	wētãr
Koch (m) / Köchin (f)	râßôijaa	रसोइया (m+f)	cook (male + female)	rãsõiyaa
Klempner (m)	nâllkaar / plâmmbârr	नलकार (m) प्लंबर (m)	plumber	nãlkaar / plãmbũr
Konditor (m)	hâllwâjie	हलवाई (m)	confectioner	hãlvãyii
Krankenschwester (f) oder	nârrß	नर्स (f) or	nurse or	nãrs
Krankenschwester (f)	sîstârr	सिस्टर (f)	sister	sīstãr
Künstler / in (m+f)	kâllâkaar	कलाकार (m)	artist	kãlãkaar
Lehrer (m)	schikkschâkk	शिक्षक (m)	teacher	shīkshãk
Lehrerin (f)	schikkschikkaa	शिक्षिका (m)	lady teacher	shīkshikaa
Lehrer (m)	âdhjâpâkk	अध्यापक (m)	teacher	ãdhyãpãk

Lehrerin (f)	âdhjâpîkkaa	अध्यापिका (f)	lady teacher	âdhyāpîkaa
Maler (m) gewerblich	rânngsâdsch	रंगसाज (m)	painter (commercial)	rāngsāj
Maler (m) Künstler	tchittrâkaar	चित्रकार (m)	painter / artist	chîtrâkaar
Matrose (m)	nâwïkk / mâllâhâ	नाविक (m) / मल्लाह	sailor	nâvîk / mâlâhâ
Milchmann (m)	âhier / dûdhwâlaa	अहिर (m)/ दूधवाला (m)	milkman	âheer / dūdhwâlaa
Milchfrau (f)	âhierînn / dûdhwâlie sânngietgyâ	अहीरिन (f) दूधवाली (f) संगीतज्ञ (m)	milkmaid musician	âheerîn / dūdhwâlii sânngeetgyâ
Musiker (m)				
Pilot (m) oder	wîmmân tchâlâkk	विमान चालक (m) or	pilot or	vimân châlâk
Pilot (m)	ûddâkaa / peilâtt	उड़ाका(m) / पाइलट(m)	pilot	ûddâkaa / pailâtt
Pilotin (f)	wîmmân tchâlâîkkaa	विमान चालिका (f)	lady pilot	vimân châlîkaa
Polizist (m) oder	pûlliß sîpâhie	पूलिस सिपाही (m)	policeman/ police officer	pûlîs sîpâhee
Polizist (m+f) oder	pûlliß âdhîkârie	पूलिस अधिकारि (m)	policeman/ police officer (male+female)	pûlîs âdhîkârii
Polizistin (f)	pûlliß wûmēn	पूलिस वूमेन (f)	policewoman	pûlîs wûmēn

Deutsch	Lautumschrift	Hindi	English	Transliteration
Priester (m)	pûddschãrie	पुजारी (m)	priest	pûjãrii
Priesterin (f)	pûddschãrinn	पुजारिन (f)	priestess	pûjãrin
Priester(m)(christlich)	pãdrie	पादरी (m)	priest (christian)	pãdry
Professor (m)oder	wjãwãsãjie	व्यवसायी (m) or	professor or	vyâvâsãyee
Professor (m)	prãdhjãpàkk/ prõfàßõr	प्राध्यापक(m)/ प्रोफेसर(m)	professor	prãdhyãpàk / prõfãsõr
Professorin (f)	prãdhjãpìkkaa	प्राध्यापिका(f)	lady professor	prãdhyãpikaa
Regiesseur (m)	nîrrdëschìkk	निर्देशक (m)	director (film / theatre)	nîrdëshâk
Regiesseurin (f)	nîrrdëschìkkaa	निर्देशिका (f)	lady director (film / theatre)	nîrdëshikaa
Sachbearbeiter/in (m+f)	kãrjãlãjã âdhikãrie	कार्यालय अधिकारी (m)	clerk	karyalaya âdhîkãree
Schauspieler (m)	âbhînëtaa	अभिनेता (m)	actor	âbhînêtaa
Schauspielerin (f)	âbhînëtrie	अभिनेत्री (f)	actress	âbhînêtrii
Schlachter (m)	kãßãjie	कसाई (m)	butcher	kâßãyee

German		Hindi	English	
Schneider (m)	dârrdschie	दर्जी (m+f)	tailor	dârjee
Schneiderin (f)	dârrdschinn	दर्जिन (f)	lady tailor	dârjin
Schuhverkäufer (m)	dschūtē bēchnēwālaa	जूते बेचनेवाला (m)	shoe seller	jūtē bēchnēwālaa
Schuhverkäuferin (f)	dschūtē bēchnēwālie	जूते बेचनेवाली (f)	shoe seller (lady)	jūtē bēchnēwālee
Schuhmacher (m)	dschūtaa bânnânēwālaa	जूता बनानेवाला (m)	cobbler	jūtaa bânānēvālaa
Schuster (m)	mōtchie	मोची (m)	cobbler	mōchii
Schusterin (f)	dschūtē bânnânēwālie	जूता बनानेवाली (f)	cobbler (lady)	jūtē bânānēvālii
Software-Entwickler (m)	sōftwēr dîwâllēpârr	सॉफ्टवेर डिवलपर (m)	software develepor	sōftwēr dîwâlēpâr
Steinmetz (s)	kāriegârr	कारीगर(m)	mason	kāreegâr
Steuerberater/in (m+f)	ājkârr wîschēschgyâ	आयकर विशेषज्ञ (m)	tax adviser / tax consultant (m+f)	âykâr vîshēshgyâ
Steward (m) oder	wâjû pârrîtchârâkk	वायु परिचारक(m) or	steward or	vâyû pârichârâk
Steward (m)	sttjūwaard	स्टयुवार्ड (m)	steward	sttyūwaard

Deutsch	Lautumschrift	Hindi	English	Transliteration
Stewardess (f) oder	wājû pârrîtchârîkkaa	वायु परिचारिका (f) or	stewardess or	vāyû pârîchārîkaa
Stewardess (f)	sttjûwaardēs	स्टयुवार्डेस (m)	stewardess	stêwaardēs
Textilkaufmann (m)	kâppâdaa wjāpārie	कपड़ा व्यापारी (m)	textile businessman	kâpâdā vjāpārii
Tischler (m)	bâddâie	बढ़ई (m)	carpenter	bâddâee
Verkäufer (m)	wîkkrētaa	विक्रेता (m) or	seller or	wîkrētaa
Verkäufer (m)	bētchnēwālaa	बेचनेवाला (m)	seller	bēchnēwālaa
Verkäuferin (f) oder	wîkkrētîkkaa	विक्रेतिका	seller (female) or	wîkrētîkaa
Verkäuferin (f)	bētchnēwālie	बेचनेवाली (f)	female seller	bēchnēwālii
Verleger (m)	prâkāschâkk	प्रकाशक (m)	publisher	prâkāshâk
Vermittler (m)	dâllâl / mûniem	दलाल (m)/ मुनिम(m)	agent	dâlā / mûneem
Wachmann (m)	tchaukiedaar	चौकीदार (m)	watchman	chaukiidār
Wäscher (m)	dhôbie	धोबी (m)	laundry (man)	dhōbii

Wäscherin (f)	dhōbinn	धोबिन (f)	dhōbin	laundry (woman)
Weber (m)	dsûlāhaa	जुलाहा (m)	jûlāhaa	weaver
Weberin (f)	dschûlāhânn	जुलाहिन (f)	jûlāhân	weaver (female)
Wissenschaftler (m)	weigyānîkk	वैज्ञानिक (m)	waigyānîk	scientist
Wissenschaftlerin (f)	weigyānîkkaa	वैज्ञानिका (f)	waigyānîkaa	scientist (female)

खाने पीने की वस्तुएँ

Essen und Trinken
Food and Drinks

Deutsch	Lautumschrift	Hindi	English	Transliteration
Apfel (m)	sēb	सेब (m)	apple	sēb
Aubergine (f)	baingânn	बैंगन (m)	aubergine brinjal	baingân
Aubergine (püriert) / Aubergine-Curry (n)	baingânn kaa	बैंगन का भरता (m)	aubergine curry in a sauce	baingânn kaa
	bhârrtaa			bhârrtaa
Banana (n)	kēlā	केला (m)	banana	kēlā
banana (roh) (n)	kâtchtchā kēlā	कच्चा केला (m)	banana (raw)	kâchchā kēlā
Basmati (Reissorte)	bāsmâtie	बासमती (adj)	Basmati (a rice variety)	bāsmâtii
Betelblatt (n)	paan	पान (m)	betel leaf	paan
Betelnuss (f)	sûpârie	सुपारी (f)	betel nut	sûpārii
Blumenkohl (m)	phūlgôbhie	फूलगोभी (f)	cauliflower	phūlgôbhee
Bockshornklee (m)	mēthie	मेथी (f)	fenugreek leaves	mēthii

German	Transliteration	Devanagari	English	Transliteration
Butter (zerlassen) (f)	ghie	घी (m)	butter (clarified)	ghee
Butterfladenbrot(n)	pârāntā	परांठा (m)	butter chapati bread	parāntā
Buttermilch (f)	tchhātchh	छाछ (f)	buttermilk	chhāchh
Buttermilchgetränk (n)	lāssie	लस्सी (f)	buttermilk- drink	lāssie
Cashewnuss (f)	kādschū	काजू (m)	cashew nut	kājū
Chilli (n)	mîrrtch	मिर्च (f)	chilly	mîrch
Ei (n)	âññdaa	अण्डा (m)	egg	âñdaa
Erbse (f)	mâttârr	मटर (m)	pea	mâttâr
Erbsen-Patties (n)	mâttar kâtchôrie	मटर कचौरी (f)	pea pattees	mâttâr kâchōri
Erdnuss (f)	mūngphâllie	मुंगफली (f)	peanut	mūngfâli
Essen / Mahl (n) / Speise (f)	khānā	ख्वाना (m)	food / meal	khānā
Feinnudel (f)	sêwâijââ	सेवइयाँ (f)	vermicelli	sêwâiyââ
Fenchel (m)	sōnff	सौंफ (f)	fennel	saunf
Fisch (m)	mâttchlie	मछली (f)	fish	mâchlii
Fladenbrot (n)	tchâpātie	चपाती (f)	chapati bread	chāpātii
Fleisch (n)	ghōsht	गोश्त (m)	meat	ghōsht
Fritiertesbrot (n)	puri	पूरी (f)	fried puri	pūrii

Deutsch	Lautumschrift	Hindi	English	Transliteration
Gelbwurz	hâlldie	हल्दी (f)	turmeric	hâldii
Gemüse (n)	sâbbzie	सब्ज़ी (f)	vegetable	sâbzee
Gemüse-Reis (n) oder	sâbbzie-pilläw	सब्ज़ी पिलाव (m) or	vegetable pilav or	sâbze-pilãw
Gemüse-Reis (n)	sâbbzie-pülläw	सब्ज़ी पुलाव (m)	vegetable pulaw	sâbze-pûlãw
Gewürzmischung (f)	gârrâm mâssâlã	गारम मसाला (m)	spice-mixture	gârâm mâsâlã
Grießpfannkuchen (m)	râwwa dõsã	रवा डोसा (m)	semolina pancake	râvaa dõsã
Grießpolenta (n)	ûppmaa	उपमा (f)	semolina-dish	ûpmaa
Gurke (f)	khieraa	ख़ीरा (m)	cucumber	kheeraa
Hefebrot (n)	naan	नान (m)	nan bread	naan
Hühner-Ei (n)	mûrrghie kaa âñdaa	मुर्गी का अण्डा (m)	hen's egg	mûrghii kaa âñdaa
Ingwer (m)	âddrâkk	अदरक (m)	ginger	âdrâk
Joghurt (m)	dâhie	दही (f)	yoghurt / curd	dâhii
Joghurt-Relish (m)	râitã	रायता (m)	joghurt relish	raitaa
Hüttenkäse (m)	pânnier	पनीर (m)	coltage cheese	pâneer
Käse-Fondant (m)	sânndêsch	संदेश (m)	cheese -fondant	sânndêsh
Kaffee	kâfie	कॉफ़ी (f)	coffee	câfee

German	Hindi (transliteration)	Hindi (script)	English
Kardamom (m)	îlleitchie	इलायची (f)	cardomom	îlaichii
Karotte (f)	gãdschârr	गाजर (f)	carrot	gãjâr
Limettenpickles (n)	niembū kā âttchâr	नींबू का अचार (m)	limette pickles	nîmbū kā âchâr
Linse (f)	dāl	दाल (f)	lentils	dāl
Linsenbällchen in Joghurt (n)	dâhhie wâddā	दही वड़ा (m)	fried lentil balls in curd (yoghurt)	dâhi wâdaa
Linsensuppe (dünn/ südindisch) (f)	râssâmm	रसम (m)	lentil soup (S.Indian style)	râsâm
Linsensuppe (südindisch) (f)	sâmbhârr	सांभर (m)	S.Indian lentil soup	sâmbhâr
Maisfladenbrot (n)	mâkkie kie rôtie	मक्की की रोटी (f)	maize-bread	mâkki kee rôtii
Maiskolben (m)	mâkkâjie kā bhûttā	मक्के का भुट्टा (m)	maize	mâkâyii kā bhûtā
Mango (roh)	kâttchâ âm	कच्चा आम (m)	raw mango	kâchā âm
Mango (reif)	âm	आम (m)	ripe mango	âm
Mango-Pickles	âm kā âttchâr	आम का अचार (m)	mango pickles	âm kā âchâr
Mehl (Weizen) (n)	ātā	आटा (m)	flour	ātā
Milch (f)	dūdh	दूध (f)	milk	dūdh
Milchbällchen in Zuckersirup (n)	râssgûllaa	रसगुल्ला (m)	milk balls in sugar syrup	râsgûlaa

Minze (f)	pûddienã	पुदीना (m)	pûdeenã	mint leaves
Minz-Sauce (f)	pûddienã tchâttnie	पुदीना चटनी (f)	pûdinã chûtney	mint sauce
Mungbohne (f)	mûng dâl	मूंग दाल (f)	mûng dâl	moong lentils
Karotten-Halwa (n)	gâdschârr kâ hâllwâ	गाजर का हलवा	gâjâr kâ hâlwã	carrot-halwa (sweet dish)
Kartoffel (f) oder	âlû	आलू (m) or	âlû	potato or
Kartoffel (f)	bâttâtaa	वटाटा (m)	bâttâtaa	potato
Kartoffelreitã (in Joghurtsauce)	âlû reitaa	आलू रायता (m)	âlû reitaa	potato raita (in Joghurt sauce)
Kartoffel-snack (n)	bâttata wâddaa	वटाटा वड़ा (m)	bâttata wâddaa	potato snack
Kartoffel-Stücke (frittiert)	âlû pâkôdaa	आलू पकोड़ा (m)	âlû pâkôdaa	potato (fried)
Kichererbse (f)	tchânnaa dâl	चना दाल (f)	chânaa dâl	chickpeas
Kichererbsenmehl (n)	bêsânn	वेसन (m)	bâysân	chickpea flour
Knoblauch (m)	lâssûn	लहसुन (m)	lâsûn	garlic
Knabber-Allerlei (n)	tchîwwdaa	चिवड़ा (m)	chîvdã	crispy mixture
Knuspercracker (m)	pâpâdd	पापड़ (m)	pâpâd	papadam crispy
Kokosnuss (f)	nâriejâll	नारियल (m)	nâriyâl	coconut
Konfekt (n)	bârrfie	वरफी (f)	bûrfii	cream fudge
Koriander (n)	dhânnijaa	हरा धनिया (m)	dhânîyaa	coriander

Koriander (frisch) (n)	hârraa dhânîjaa	हरा धनिया (m)	fresh coriander	hâraa dhânîyaa
Kreuzkümmel (m)	dschieraa	जीरा (m)	cummin	jeeraa
Küchlein (n) (frittiert)	tîkkâs (Gemüse od. Fleisch)	टिक्का (m)	veg. or meat fritters	tikâs
Kürbis	kâddû	कद्दू (m)	pumpkin	kâddû
Nelke (f)	lâwwânng	लवंग (m)	clove	lâvâng
Nuß-kräuter-Eis (n)	kûllfie	कुल्फ़ी (f)	nut-herb ice-cream	kulfii
Okra (n)	bhînndie	भिंडी (f)	okra/ ladyfinger	bhînndii
Orange (f)	nârânngie	नारंगी (f)	orange	nârângii
Pakora (Frittierte-Allerlei)	pâkôdaa	पकोड़ा (m)	pakoras (fried vegetables)	pâkôdaa
Pfefferkörner	kâlie mîrrtch	काली मिर्च (f)	pepper corns	kâlii mîrch
Pickles (n)	âtchaar	अचार (m)	pickles	âchaar
Pistazien-Eis (n)	pîsstâ kûllfie	पिस्ता कुल्फ़ी (f)	pistachio ice-cream	pîstâkûlfii
Quarkspeise (f)	schriekhânnd	श्रीखंड (m)	sweet curd dish	shrîkhând
Reis (n) roh	tchâwâll	चावल (m)	rice (raw)	châvâl
Reis (gebraten) (n) oder	pîllâw / pûllâw	पिलाव or पुलाव (m)	fried rice pilaw or fried rice pulaw	pîlâw / pûlâv
Reis (gekocht) (n)	bhât	भात (m)	cooked rice	bhât
Reisklöse (f)	îddlie	इडली (f)	rice dumplings	îdli
Reispfannkuchen (m)	dôsaa	दोसा (m)	rice pancake	dôsaa

Essen und Trinken ∗ खाने पीने की चीज़ें ∗ Food and Drinks **109**

Deutsch	Lautumschrift	Hindi	English	Transliteration
Reispudding (m)	pājaßâmm	पायसम (m)	rice pudding	pāyâsâm
Rettichbrot (n)	mūlie pârrâñtaa	मूली परांठा (m)	radish bread	mūlii pârâñtaa
Rohrzucker (m)	dschāgârrie / gûdd	जागरी / गुड़ (m)	jaggery	jâgârii / gûd
Rosine (f)	kîschmîsch	किशमिश (f)	raisins	kîshmîsh
Safran (m)	kēsârr	केसर (m)	saffron	kēsâr
Safranreis (m)	kēsârrtchâwâll	केसर चावल (m)	saffron-rice	kēsâr châwâl
Saft (m)	râss	रस (m)	juice	râs
Sauce (f)	tchâttnie	चटनी (f)	sauce	chûtney
Senfkorn (n)	rājie	रायी (f)	mustard seed	raayii
Spinat (m)	pālâkk	पालक (f)	spinach	pālâk
Süss-Speise (f)	hâlwaa	हलवा (m)	halwa	hâlwaa
Tamarinde	îmmlie	इमली (f)	tamarind	îmlii
Tamarind-Sauce (f)	îmmlie kie tchâttnie	इमली की चटनी (f)	tamarind sauce	îmlii kee chûtney
Tee (m)	tchāj	चाय (f)	tea	châi
Teufelsdreck (m)	hîeng	हींग (f)	asfoetida	hiing
Tomate (f)	tâmmâtârr	टमाटर (m)	tomato	tâmâtâr
Traube (f)	ângûr	अंगूर (m)	grape	ângûr
Urdbohne (geschält) (f)	ûrrâd dâl	उरद दाल (f)	urid lentils split	ûrâd dâl

Wasser (n)	**pānie**	पानी (m)	water	**pānii**
Weizengrieß (m)	**sūdschie**	सूजी (f)	semolina	**sūjie**
Zimt (m)	**dāltchienie**	दालचीनी (f)	cinnamon	**dālcheenii**
Zitrone (f)	**niembū**	नींबू (m)	lemon	**neembū**
Zuckerbällchen	**lāddū**	लड्डू (m)	ladoo sweet	**lāddū**
Zuckerbällchen aus Kichererbsenmehl (n)	**bēsānn lāddū**	बेसन लड्डू (m)	chickpea laddu	**bāysān lādoo**

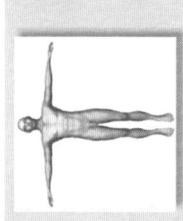

Der menschliche Körper मानव शरीर
The human body

Deutsch	Lautumschrift	Hindi	English	Transliteration
Achselhöhle (f)	bâggâll	वगल (f)	armpit	bâgâl
Arm (m)	bãhâ	बाँह (f)	arm	bâhâ
Arterie (f)	dhâmmânie	धमनी (f)	artery	dhâmânii
Auge (n)	ãñkh	आँख (f)	eye	ãnkh
Augapfel (m)	ãñkh kie pûttlie	आँख की पुतली (f)	eyeball	ãñkh kii pûttlee
Augenbraue (f)	bhãuhâ	भौंह (f)	eyebrow	bhãuhâ
Augenlid (n)	pâllâkk	पलक (f)	eyelid	pâlâk
Augenwimper (m)	bârraunie	बरौनी (f)	eyelashes	bâraunii
Bart (m)	dãddie	दाढ़ी (f)	beard	dãddii
Bauch (m)	pēt	पेट (m)	belly / stomach	pēt
Bauchspeicheldrüse (f)	ãggnjãschãjâ	अन्न्याशय (m)	pancreas	ãgnyãschâyâ

Becken (n)	wâßti gêhârr	वस्ति गहर (m)	pelvis	vâsti gêhâr
Bein (n)	ttãñg	टांग (f)	leg	ttãñg
Bizep (m)	dwîrchêr pêschie	द्विशीर पेशी (f)	biceps	dvîrshêr pêshii
Blase (f)	mûträschjâ	मूत्राशय (m)	bladder	mûtrâshyâ
Blut (n) oder	râkt	रक्त (m) or	blood or	râkt
Blut (n)	khūn	खून (m)	blood	khūn
Brust (gen.) (f)	tchhātie	छाती (f)	chest (gen)	chhātee
Brust (weibl.) (f)	stânn	स्तन (m)	breast (female)	stân
Brustwarze (f)	tchūtchûkk	चूचुक (m)	breast nipple	chūchûk
Darm (m)	aañt	आँत (f)	intestines (bowels)	aañt
Daumen (m)	ânngûtthaa	अंगूठा (m)	thumb	ângûtaa
Ellbogen (m) oder	kûhannie	कोहनी (m) or	elbow or	kōhînii
Ellbogen (m)	kōhînnie	कुहनी	elbow	kûhânii
Faust (f)	mûtt'tthie	मुट्ठी (f)	fist	mûtt'tthie
Ferse (f)	ēdie	एड़ी (f)	heel	ēdii
Finger (m)	ûññglie	उंगली (f)	finger	ûñglii
Fingernagel (m)	nâkhūn	नाखुन (m)	finger nail	nâkhūn
Fleisch (n)	mãâß	मांस (m)	flesh	mãâs

Deutsch	Lautumschrift	Hindi	English	Transliteration
Fuß (m)	peirr	पैर (m)	foot	pair
Gaumen (m)	mâssūdaa	मसूड़ा (m)	palate	māsūdaa
Gebärmutter (f)	gârrbhâ	गर्भ (m)	womb	ghârbhâ
Gesäßbacke (f)	tchūtádd	चूतड़ (m)	buttocks	chūtád
Gehirn (n) oder	dîmmaag	दिमाग (m) or	brain or	dîmaag
Gehirn (n)	bûddhie	बुद्धि (f)	brain	bûddhee
Gelenk (n)	dschōd	जोड़ (m)	joint	jōd
Gesicht (n)	tchêhârraa	चेहरा (m)	face	chēhâraa
Haar (n)	bāl	वाल (m)	hair	bāl
Hals (m)	gârrdânn	गर्दन (f)	neck	gârdân
Hand (f)	hāth	हाथ (m)	hand	hāth
(rechter) Hand (f)	dāhînnā hāth	दाहिना हाथ (m)	right hand	dāhînā hāth
(linker) Hand (f)	bājā̃ hāth	वायाँ हाथ (m)	left hand	bāyã hāth
Handfläche (f)	hâthēlie	हथेली (f)	palm	hâthēlii
Handgelenk (n)	kâllājie	कलाई (f)	wrist	kâllāyee
Haut (f)	tchâmmdie	चमड़ी (f)	skin	châmdii
Herz (n) oder	hrídâj	हृदय (m) or	heart or	hrídây

114   Der menschliche Körper *मानव शरीर *The Human Body

Herz (n)	dill	दिल (m)	heart	dîll	dîll
Hüfte (f)	küllhaa	कूल्हा (m)	hip	kúllhaa	kûllhaa
Kehle (f)	gâlaa	गला (m)	throat	gâlaa	gâlaa
Kiefer (m)	dschâbbâddaa	जबड़ा (m)	jaw	jâbâdaa	jâbâdaa
Kinn (n)	tthõdie	ठोड़ी (f)	chin	tthõdii	tthõdii
Knie (n)	ghûttnã	घुटना (m)	knee	ghûttnaa	ghûttnaa
Knochen (m)	hâddie	हड्डी (f)	bone	hâddii	hâddii
Knöchel (Finger) (m)	ânngûllie kaa dschõd	अंगुली का जोड़ (m)	knuckles	ângûlii kaa jõd	ângûlii kaa jõd
Knöchel (Fuß) (m)	ttâkhnaa	टखना (m)	ankles	tâkhnaa	tâkhnaa
Kopf (m)	sîrr	सिर (m)	head	sîrr	sîrr
Körper (m) oder	bâddânn	वदन (m) or	body or	bâddân	bâddân
Körper (m)	schârrier	शरीर (m)	body	shâreer	shâreer
Leber (f)	dschîggârr	जिगर (m)	liver	jîggâr	jîggâr
Lippe (f)	hõtth	होठ (m)	lip	hoott	hoott
Lunge (f)	phẽphâdaa	फेफड़ा (m)	lung	phẽphâdaa	phẽphâdaa
Magen (m)	pẽt	पेट (m)	stomach	pẽt	pẽt
Milz (f)	pliehaa	प्लीहा (m)	spleen	pleehaa	pleehaa
Mund (m)	mûhâ	मुँह (m)	mouth	mûhâ	mûhâ

Deutsch	Lautumschrift	Hindi	English	Transliteration
Muskel (m)	pēschie (mãas)	पेशी (मांस) (f)	muscle	pēschie (mãans)
Nabel (m)	naabhie	नाभि (f)	navel	naabhii
Nase (f)	naak	नाक (f)	nose	naak
Nasenloch (n)	nâthûnnaa	नथुना (m)	nostril	nâthûnnaa
Niere (f)	gûrrdaa	गुर्दा (m)	kidney	gûrdaa
Oberlippe (f)	ûpârr kaa hôtth	ऊपर का होंठ (m)	upperlip	ûpârr kaa hôtth
Oberschenkel (m)	dschângh	जांघ (f)	thigh	jãngh
Ohr (n)	kaan	कान (m)	ear	kaan
Penis (m)	schîschânn	शिश्न (m)	penis	shîshân
Pupille (f)	pûtâlie	पुतली (f)	pupil	pûtâlii
Fingerglied (n)	poor	पोर (m)	finger joint	pour
Rippe (f)	pâßlie	पसली (f)	rib	pâsly
Rücken (m)	pietth	पीठ (f)	back	peeth
Schädel (m)	khõpdie	खोपड़ी (f)	skull	khõpdii
Schläfe (f)	kânnpâttie	कनपटी (f)	temple	kânpâttii
Schnurbart (m)	mûñtch	मूंछ (f)	moustache	mûñch
Sohle (Fuß) (f)	tâllwaa	तलवा (m)	sole	tâlwaa

German		Devanagari	English	
Schnauze (f)	thūthûnn	थूथुन (m)	snout/ muzzle	thūthûnn
Schoß (m)	gōd	गोद (f)	lap	gō'dh
Schulter (f)	kândhaa	कंधा (m)	shoulder	kândhaa
Speiseröhre (f)	nârrēttie nâllie	नरेटी नली (f) or	gullet	nârētii nâlii
Stirn (f) oder	māthaa	माथा (m) or	forehead or	māthaa
Stirn (f)	mâßtâkk	मस्तक (m)	forehead	mâstâk
Taille (f)	kâmmârr	कमर (f)	waist	kâmâr
Unterleib (m)	pēdū	पेड़ू (m)	abdomen	pēdū
Unterlippe (f)	nietchē kaa hōtth	नीचे का होंठ	underlip	neechē kaa hōtth
Vagina (f)	jōnî od. bhâgg	योनि or भग (f)	vagina	yōnî or bhâgg
Vene (f)	nâß	नस (f)	vein	nâs
Wade (f)	pînndâllie	पिंडली (f)	calf	pîndâlee
Wange (f)	gaal	गाल (m)	cheek	gaal
Wirbelsäule (f)	riedd	रीढ़ (f)	spine /spinal column	reedd
Zahn (m)	dâñt	दांत (m)	tooth	dâñt
Zehe (f) oder	peir kā ânngūthaa	पैर का अंगूठा (m) or	toe or	peir kaa ânngūthaa
Zehe (f)	pânndschaa	पंजा (m)	toe	pânjaa
Zeigefinger (m)	târrdschânnie	तर्जनी (f)	forefinger	târjânii
Zunge (f)	dschiebh	जिस्म (f)	tongue	jeebh

Gesundheit & Krankheit
Health & Ailments

स्वास्थ्य और बीमारी

Deutsch	Lautumschrift	Hindi	English	Transliteration
abmagern (v)	wâdschânn kâmmkârrnâ	वजन कम करना	grow thin/lose weight	wâjân kâm kârnaa
Abmagerungskur	wâddschânn kâmm kârrnê kaa îlladsch	वजन कम करने का इलाज (m)	slimming diet	wâjân kâm kârnê kaa îlâj
abnehmen (v)	wâdschânn kâmm kârrnaa	वजन कम करना	lose weight	wâjân kâm hônaa
Anatomie (f)	schârier'schâstrâ	शरीर शास्त्र (m)	anatomy	shâreer'shâstrâ
Angina (f)	gâllschôth	गलशोथ (m)	tonsillitis	gâlshôth
Arznei (f)	dâwaa / auschâdhî	दवा (f) / औषधि (f)	medicine / drug	dâwaa / aushâdhî
Arzt (m)	tchîkkîttsâkk / dâktârr	चिकित्सक (m) डाक्टर (m)	doctor	chîkîttsâk / dâktâr
Ärztin (f)	tchîkkîttsîkkaa / dâktârrnie	चिकित्सिका (f) डाक्टरनी	lady doctor	chîkîttsikaa / dâktârnii
ärztlich	dâktârrie / tchîkkîttsâkk	डाक्टरी / चिकित्सक	medical	dâktârie / chîkîttsâk
Asthma (n)	schwâs	श्वास (m)	asthma	shwâs

Gesundheit - Krankheit ∗ स्वास्थ्य और बीमारी ∗ Health - Ailments

German		Hindi	English	
asthmatisch	schwāsrōgie	श्वासरोगी	asthmatic	shwāsrōgii
Atem (m) / Atmung (f)	sãās / dâmm	सांस (f) / दम (m)	breath	sãās / dâmm
atmen (v)	sãās lēnaa / dâmm lēnaa	सांस लेना / दम लेना	to breathe	sãās lēnaa / dâm lēnaa
Attest (n)	dāktārrie prâmañ pâttrâ	डाक्टरी प्रमाण पत्र (m)	medical certificate	dāktārii prâmañ pâtrâ
Augenarzt (m) oder	añkhoñ kaa dāktârr	आँखों का डाक्टर (m)	opthamologist or	añkhoñ kaa dāktâr
Augenarzt / Augenärztin	nētrâ wīschēschgjā	नेत्र विशेषज्ञ (m+f)	eye specialist (m+f)	nētrâ wīshēshgyā
Bakterie (f) oder	kīttâñû / dschiewañû	किटाणु(m) जीवाणु(m) or	bacteria or	kītanû / jeewañû
Bakterie (f) / Bazillus	beiktrijaa	बैक्टिरया (m)	bacteria	baiktrīryaa
Balsam (m)	schāntîdâjàkk auschâddie	शांतिदायक औषधि (f)	balm	shāntîdâyàk aushâdii
Bandage (f)	pâttie	पट्टी (f)	bandage	pâttee
bandagieren (vt.) oder	pâttie bândhnaa	पट्टी बाँधना or	to bandage or	pâttee bândhnaa
bandagieren (vt.)	pâttie lâggānaa	पट्टी लगाना	to bandage	pâttee lâgānaa
Bandwurm (m)	fâtaakriemî	फ़ताकृमि (f)	tape worm	fâtaakreemî
Befund (m) / Diagnose od.	dschânch pârriñam	जांच-परिणास (m) or	findings (medical)	jâñch pâriñam
Befund (m) / Diagnose	rōg nîdaan	रोग निदान (m)	findings (medical)	rōg nîdaan

Deutsch	Lautumschrift	Hindi	English	Transliteration
bekämpfen (vt.)	sāmnaa kârrnaa	सामना करना	to combat (disease)	sāmnaa kârrnaa
Betriebsarzt (m)	kârkhānē kaa dāktârr	कारखाने का डाक्टर (m)	company's doctor	kârkhānē kaa dāktâr
Betriebsunfall (m)	kârkhānē mē dûrrghâttnaa	कारखाने में दुर्घटना (f)	industrial accident	kârkhānē mē dûrghâttnaa
bewußtlos	bēhôsch	बेहोश	unconscious	bēhôsh
Bewußtlosigkeit (f)	bēhoschie	बेहोशी (f)	unconsciousness	bēhôschee
Bewußtsein (n)	hôsch	होश (m)	consciousness	hôsh
blind (Adj.)	ânndhaa	अँधा (adj)	blind	ândhaa
Blut (n)	râkkt / khûn	रक्त (m) / खून (m)	blood	râkt / khūn
Blutbank (f)	râkktâ pêddie	रक्त पेढी (f)	blood bank	râkt pêddii
Blutdruck (m)	râkkt kaa dâbaw/ râkkt tchâp	रक्त का दवाव/ रक्तचाप (m)	blood pressure	râkt kaa dâbâv/ râkt chap
bluten (v) oder	khûn bâhnaa	खून बहना or	to bleed or	khūn bâhnaa
bluten (v)	râkkt nîkkâllnaa	रक्त निकलना	to bleed	râkt nîkâlnaa
Bluterguß (m)	râkktâstraaw	रक्तस्राव (m)	haematoma	râktâstraav
Blutgefäß (n)	râkktâwâhîkkaa	रक्तवाहिका (f)	blood vessel	râktâvâhîkaa

Blutgruppe (f)	râkkt kie schrênie	रक्त की श्रेणी (f)	blood group	râkt kii shrēnii
blutig	râkktmâjie / khūn sê sânaa	रक्तमयी / ख़ून से सना (f)	bloody / blood stained	râktmâyee/ khūn sē sânaa
Blutprobe (f)	râkkt dschântch	रक्तजाँच (f)	blood test	râktjānch
Blutspender (m)	râkktdâtaa	रक्तदाता (m)	blood donor	râktdātaa
blutstillend	râkktârōdhie	रक्तरोधी	styptic	râktârōdhii
Bluttransfusion (f)	râkkt'âdaan	रक्तदान (m)	bloodtransfusion	râkt'âdaan
Blutvergiftung (f)	rûdhîrr-wîschâjâññ	रुधिर विषायन (m)	blood poisoning	rûdhîr - wîshayâñ
Blutverlust (m)	râkkt kie hânî	रक्त की हानि (f)	loss of blood	râkt kii hânî
Blutverwandte (f)	râkktâsâmmbhânndie	रक्तसंबंधी (f)	blood relative	râktâsâmbândii
Chirurg (m)	schâlljâ tchîkkîttsâkk	शल्य चिकित्सक (m)	surgeon (male)	shâlyâ chîkîtsâk
Chirurgin (f)	schâlljâ tchîkkîttsîkkaa	शल्य चिकित्सिका (f)	surgeon (lady)	shâlyâ chîkîtsîkaa
Chirurgie (f)	schâlljâ tchîkkîttsaa	शल्यचिकित्सा (f)	surgery	shâlyâ - chîkîtsaa
Diabetes (m)	mâdhûmêhâ	मधुमेह (m)	diabetes	mâdhûmêhâ
Diabetiker/in (m+f)	mâdhûmêhie	मधुमेही (m)	diabetic patient (m+f)	mâdhûmêhii
Diarrhöe (f) / Durchfall	âtisaar / dâßt	अतिसार (m) दस्त (m)	diarrhoea	âtisaar / dâst
Diät (f) med	pârrhêz / pâthjâ	परहेज (m) पथ्य (m)	diet med	pârhēz / pâthyâ

Deutsch	Lautumschrift	Hindi	English	Transliteration
Diptherie (f)	rōhiñee	रोहिणी (f)	diptheria	rōhiñee
Eiter (m)	pū / piep	पू (m) / पीप (m)	pus	pū / peep
entkräften (v) oder	dûrrbâll kârrnaa	दुर्बल करना / or	weaken / exhaust or	dûrbâl kârnaa
entkräften (v)	kâmmzôr kârrnaa	कमज़ोर करना	weaken / exhaust	kâmzôr kârnaa
sich entspannen (v)	ddiela hō dschânaa	ढीला हो जाना	to relax	ddeela hō jânaa
Entspannung (f)	ddielâpânn	ढीलापन (m)	relaxation	ddeelâpân
entzünden (v.t.)	sūdschânaa / dschâllânaa	सूजना / जलाना	to become inflamed	sūjânaa / jâlânaa
Entzündung (f)	sūdschânn / prâdahâ	सूजन (f) / प्रदाह (m)	inflammation	sūjân / prâdahâ
sich erholen (v) oder	ārâm kârrnaa	आराम करना / or	to rest / relax or	āraam kârnaa
sich erholen (v)	wîschrâm kârrnaa	विश्राम करना	to rest / relax	wîshraam kârnaa
sich erholen (v) oder	swâßtâ hō dschânaa	स्वस्थ हो जाना / or	to recover or	swâstâ hō jânaa
sich erholen (v)	tiek hō dschânaa	ठीक हो जाना	to recover	teek hō jânaa

German	rest / relaxation	आराम (m) विश्राम(m)	āraam / wíschraam
Erholung (f) — āraam / wíschraam	need to relax	आराम की ज़रूरत (f)	āraam kii zârūrât
Erholungsbedürfnis (n) — āraam kie zârūrât	rest home or	आरामगृह (m) or	āraam grîhâ
Erholungsheim (n) oder — araam grîhâ /	rest home	विश्रामगृह (m)	wíshraam-grîhâ
Erholungsheim — wíschraam-grîhâ	to fall ill or	बीमार पड़ना / or	biemaar pâdnaa
erkranken (v) oder — biimaar pâddnaa /	to fall sick	बीमार हो जाना	biimaar hô jânaa
erkranken — biemaar hô dschânaa	illness/sickness	बीमारी (f) / रोग (m)	biimaarii / rôg
Erkrankung (f) — biemaarii / rôg	to tire	थकाना	thâkānaa
ermüden (v) — thâkkânaa	tiring	थकनेवाला (adj)	thâkānêwâlaa
ermüdend (Adj.) — thâkkânêwâlaa	tiredness / fatigue	थकावट (f)	thâkâvâtt
Ermüdung (f) / Erschöpfung — thâkkâwâtt	nutrition	आहार / पोषाहार (m)	ahaar / pôshâhaar
Ernährung (f) — âhaar / pôschâhaar	germ	कीटाणु	kitaanû
Erreger (m) — kietâñû	exhausted	थका / निशक्त (m)	thâkaa / nîshâkt
erschöpft — thâkaa / nîschâkkt	specialist	विशेषज्ञ (m)	wísheshgyâ
Facharzt (m) Fachmann (m) — wíschêschghjâ	specialized training	व्यावसायिक शिक्षा (f)	vyâvâsayik shikshaa
Fachausbildung (f) — wjâwâsajìkk schìkkshaa			

Deutsch	Lautumschrift	Hindi	English	Transliteration
Fachkenntnisse (pl.)	wîschesch gjaan	विशेष ज्ञान (m)	specialized knowledge	wîshēsh gyaan
fett (dick)	môtaa / mēd	मोटा / मेद	fat	môtaa / mēd
Fieber (n)	bûkhaar / dschwârr	बुख़ार (m) / ज्वर (m)	fever	bûkhaar / jwâr
Fleckfieber (n) Flecktyphus	sânnsârrgdschânnjâ bûkhâr	संसर्जन्य बुख़ार (m)	typhus	sânsârgjânyâ bûkhār
Frauenarzt (m) oder	strierõg-tchîkkîttsâkk	स्त्रीरोग-चिकित्सक(m) /	gynaecologist (male) or	streerõg-chîkîttsâk
	strierõg-tâggjê	स्त्रीरोग-तज्ञ (m)	gynaecologist	strierõg-tâggjê
Frauenärztin (f)	strierõg-tchîkkîttsîkkaa	स्त्रीरोग-चिकित्सिका (f)	gynaecologist (female)	streerõg-chîkîttsîkaa
Frauenkrankheit (f)	strierõg	स्त्रीरोग (m)	women's ailments	streerõg
Fürsorge (f)	pârrwârrîsch / dêkhbhaal	परवरिश (f) देख़भाल(f)	care	pârvârîsh / dēkhbhaal
Gastritis (f)	ûdârrdâhâ	उदरदाह (m)	gastritis	ûdârdâhâ
Geburt (f)	dschânmâ / peidâîsch	जन्म (m) / पैदाइश (f)	birth	jânâmâ / paidâîsh
genesen (v)	swâsthâ hô dschânaa	स्वस्थ हो जाना	get well / recover	swâsthâ hô jânaa
Genesung (f)	swâsthjâ sûdhâr	स्वस्थ सुधार (m)	convalescence	swâsthyâ sûdhār

German	Transliteration	Devanagari	English	Transliteration
Geschlecht (n)	linng / dschāti	लिंग (m) / जाति (f)	gender	linng / jāti
Geschlechtskrankheit (f)	jaun rōg	योनिरोग (m)	sexual disease	yaun rōg
Geschlechtsorgan (n)	gûpptãng	गुप्तांग (m)	sexual organ	gûptãng
Geschlechtsverkehr (m)	jaun sâmmbânndh	यौन संबंध (m)	sexual intercourse	yaun sâmbândh
geschwollen	sūdschā hûwaa	सूजा हुआ	swollen	sūjaa hûwaa
Geschwulst (f)	gāntth	गाँठ (m)	tumour growth	gānth
gesund	swāstjā / tânndrûst	स्वास्थ्य / तंदरूस्त	health	svāstyâ / tândrûst
Gesundheit (f)	swāstjā / tânndrûstie	स्वास्थ्य (m)/ तंदरूस्ती (f)	healthy	svāstyâ / tândrûstee
Gesundheitsamt (n)	swāstjā-kârjalājâ	स्वास्थ्य-कार्यालय (m)	public health office	svāstyâ-kâryâlâyâ
Gesundheitsschutz (m)	swāstjā-rākkschaa	स्वास्थ्य-रक्षा (f)	health protection	svāstyâ-rākshaa
Gesundheitszustand (m)	swāstjā kie âwwāßthaa	स्वास्थ्य का अवस्था (f)	state of health	svāstyâ kii âwâsthaa
Glied (n)	schārierikk ānng	शारीरिक अंग (m)	limb	shâriirik añg
Glied (n) (Penis)	schîsnâ	शिस्न (m)	penis	shîsnâ
Gurgel (f)	gâllaa	गला (m)	throat / gullet	gâlaa
Gutachten (n) (med)	dāktârr kaa mât	डाक्टर का मत (m)	expert opinion	dâktâr kaa mât

Deutsch	Lautumschrift	Hindi	English	Transliteration
gurgeln (v)	khâllbâlânaa / gârar kârrnaa	ग़रग़लाना / गरारे करना	to gargle	khâlbâlânaa / gârârē kârnaa
Gynäkologe / in (m+f)	geinâkâllogißt	गायनॉकॉलॉजिस्ट (m)	gynaecologist (m+f)	gainâkâlõgîst
Gynäkologie (f)	strierõg - wîggjãn	स्त्रीरोग-विज्ञान (m)	gynaecology	streerõg - vîgyãn
Hals (m)	gârrdânn	गर्दन (f)	neck	gârdân
Halsentzündung (f)	gâllê kie gîlltiejõñ kie südschânn	गले की गिलतियों की सूजन (f)	sore throat	gâlê kii gîltiiyõñ kii sũjân
Hals-/ Nasen-/ Ohrenarzt (m+f)	gâllê / nâk aur kânõ kaa dâktârr	गले / नाक और कानों का डाक्टर (m)	ear/ nose and throat specialist (doctor)	gâlê / nâk aur kânõ kaa dâktâr
Halsschmerzen (m)	gâllê kaa dârrd	गले का दर्द (m)	throat ache	gâlê kaa dârd
Hautarzt (m) / Dermatologe	tchârrmâ rõgõñ kaa tchîkkîttsâkk	चर्मरोगों का चिकित्सक (m)	dermatologist / skin doctor	chârmâ rõgõñ kaa chîkîtsâk
Hautärztin (m) / Dermatologin	tchârrmâ rõgõñ kie tchîkkîttsîkkaa	चर्मरोगों की चिकित्सिका (f)	lady dermatologist / skin doctor (lady)	chârmâ rõgõñ kii chîkittsîkaa
Hautausschlag (m)	âmmbhaurie	अंभौरी (f)	skin rash	âmbhauree
Hebamme (f)	dschânnâjie / dâjie	जनायी (f) / दायी (f)	midwife	jânâyee / dâyee

heil	bhâllatchânngaa	भला / चंगा	well and sound	bhâlaa / chângaa
Heilanstalt (f)/	âßpâtal /	अस्पताल / (m)	sanatorium	âspâtal /
Heilstätte (f)	sânnētōriejâmm	सॅनेटोरियम (m)		sânētōriiyâm
heilbar	tchikkíttsjâ / sâdhjâ	चिकित्स्य / साध्य	curable	chikíttsyâ / sâdhyâ
heilen (vt.)	îllâdsch kârrnaa	इलाज करना	to cure	îllâj kârnaa
Heilgymnastik (f)	fißjôthêrâpie	फ़िज़्योथैरपी (f)	physiotherapy	fisyōthêrâpii
Heilmittel (n)	dâwaa	दवा (f)	remedy / medicine	dâvaa
Heilpflanze (f)	wânnauschâdhie	वनौषधि (f)	herbal plant	vânaushâdii
Heilquelle (f)	khâniedsch dschâl kaa sōtaa	खनिज जल का सोता (m)	mineral spring	khânij jâl kaa sōtaa
heilsam	swâstjâprâd	स्वास्थ्यप्रद	salutary / healthy	swâstyâprâd
Heilung (f) oder	tânndrúßt hô dschânaa	तंदरुस्त हो जाना / or	curing / healing or	tândrúst hō jânaa
Heilung (f)	ârôgjâprâptî	आरोग्यप्राप्ति (f)	curing / healing	arōgyâprâptî
heiser	fâttaa / bhârie	फटा / भारी	hoarse	fâtaa / bhârii
Heiserkeit (f)	fâttâpânn / bhâriepânn	फटापन(m)/भारिपन(m)	hoarseness	fâttâpân / bhâriipân
Herz (n) oder	dîll /	दिल (m) or	heart or	dîl /
Herz (n)	hrîddei	हृदय (m)	heart	hrîdai

Deutsch	Lautumschrift	Hindi	English	Transliteration
Herzfehler (m)	hrîdd'rõg	हृदरोग (m)	cardiac defeat	hrîd'rõg
Herzklopfen (n) oder	dîll kie dhâddkânn /	दिल की धड़कन (f) or	heartbeat or	dîl kii dhâdkân /
Herzklopfen (n)	hrîddei kie dhâddkânn	हृदय की धड़कन (f)	heartbeat	hrîdai kii dhâdkân
herzkrank oder	hrîd'rõgie	हृदरोगी (f)	suffering from	hrîd'rõgii
herzkrank	dîll kie rõgie	दिल की रोगी (f)	a heart condition	dîl kii rõgii
Herzschlag (m) oder	dîll kie gâtî/	दिल की गति (f)/ or	heart beat or	dîl kii gâtî /
Herzschlag (m)	hrîddei kie gâtî	हृदय की गति (f)	heart beat	hrîdaii kii gâtî
hinfallen (v) oder	gîrr dschânaa	गिर जाना or	to fall down or	gîrr jânaa
hinfallen (v)	gîrr pâddnaa	गिर पड़ना	to fall down	gîrr pâddnaa
hinken	lânngâddânaa	लंगड़ाना	to limp	lângâdânaa
Hitzschlag (m)	ûschmâghât	उष्माघात	heat stroke	ûshmâghât
Hüfte (f)	dschângh	जांघ (f)	hip	jângh
Hühnerauge (f)	ghâttaa	घट्टा (f)	corn	ghâttaa
husten (v)	khâsnaa	खांसना	to cough	khâsnaa
Husten (m)	khâsie	खांसी (f)	cough	khâsii
impfen (v)	ttiekaa lâggânaa	टीका लगाना	to vaccinate / to inoculate	tteekaa lâgânaa

German		Hindi	English	
Impfstoff (m)|Impfung (f)	ttiekaa	टीका (m)	vaccine	tteekaa
Infektion (f)	rōg sânntchaar	रोग संचार (m)	infection	rōg sânchaar
Infektionskrankheit (f)	sânnkrâmâkk rōg	संक्रामक रोग (m)	infectious disease	sânkrâmâk rōg
infizieren (vt.)	kiśiekō sânnkrâmît kârrnaa	किसीको संक्रमित करना	to infect a person	kiseekō sânnkrâmît kârnaa
inhalieren (vt.) oder	sāãs khieñtchnaa	साँस खींचना or	to inhale or	sāãs khienchnaa
inhalieren (vt.)	sāãs lēnaa	साँस लेना	to inhale	sāãs lēnaa
Injektion (f)	sūjie lâggānaa	सूई लगाना	to inject	sūyee lâggānaa
Ischias (f)	griedhrâsie	गृध्रसी (f)	sciatica	greedhrâsii
Kehle (f)	gâlaa / kâññtt	गला (m) / कंठ (m)	throat	gâlaa / kâñtt
Kehlkopf (m)	swârr-jânntrâ	स्वरयंत्र (m)	largynx	swâr-yântrâ
Keim (m)	rōgâñû	रोगाणु (m)	germ	rōgāñû
keimfrei	kietâñû râhît	कीटाणु रहित	sterile	keetâñû râhît
Keuschhusten (m)	kâlie khâãsie	काली खाँसी (f)	whooping cough	kalii khâãsie
Kinderkrankheit (f)	bâttchõn kie biemaarie	बच्चों की बीमारी (f)	child-ailments	bâchchõn kii beemāree
Kinderlähmung (f)	pōlijō meilîtîs	पोलियो मेलिटिस (m)	polio mylitis	pōliyō mailîtîs
Konsultation (f) (med)	pârrâmârrsch / sâllahâ	परमर्श(m) / सलाह (f)	consultation (med)	pârâmârsh / sâlâhâ

Deutsch	Lautumschrift	Hindi	English	Transliteration
konsultieren (vt.)med oder	pârrāmârsch kârrnaa	परामर्श करना or	consulting med or	pârāmârsh kâmaa /
konsultieren (vt.) med	sâllâhâ lēnaa	सलाह लेना	consulting med	sālahā lenaa
Kraft (f)	schâktî / tâkât	शक्ति (f) / ताकत (f)	strength	shâktî / tākât
kräftig oder	schâktie-schãlie /	शक्तिशाली or	strong /	shâktî-shãlii /
kräftig	bâllwân	बलवान	robust	bâlwan
kräftigen (v)	mâzzbût kârrnaa	मजबूत करना	to strengthen	mâzbūt kârnaa
Krampf (m)	êñtânn	ऐंठन (f)	cramps	eñtânn
krank	biemâr / rōgie	बीमार / रोगी	ill / sick	beemâr / rōgii
Kranke (f)	rōgie / mârrieß	रोगी (m) / मरीज़ (m)	sick person / patient	mârees / rōgii
krank sein	biemar hônaa	बीमार होना	to be ill / to be sick	beemar hōnaa
krank werden	biemar hô dschânaa	बीमार हो जाना	to become ill	beemar hō jānaa
Krankenhaus (n) oder	tchîkkîttsãlâjâ	चिकित्सालय (m) / or	hospital or	chîkîttsalâyâ /
Krankenhaus (n)	âßpâttâl	अस्पताल (m)	hospital	âspâtâl
Krankenkasse (f)	swâstjâ biemaa	स्वास्थ्य बीमा (m)	health insurance	swãstyâ beemaa
Krankenpflege (f)	rōgie kie sêwaa-schúschru'schaa	रोगी की सेवा शुश्रुषा (f)	caring for the sick	rōgii kie sewaa-shúshru'schaa
Krücke (f)	beisãkhie	बैसाखी (f)	crutches	beisākhii

German	German transliteration	Devanagari	English	Hindi transliteration
Kurort (m)/Luftkurort (m)	swāstjâ nîwaas	स्वास्थ्य निवास (m)	spa / health resort	swāstyâ nîvaas
Lebensgefahr (f)	dschiewânn kō khâtraa	जीवन को ख़तरा (m)	danger to life	jeewân kō khâtraa
Lebensretter (m)	dschiewânn bâttchânēwâlaa	जीवन बचानेवाला (m)	life saver (m)	jeewân bâchânēwâlaa
Lebensretterin (f)	dschiewânn bâttchânēwâlie	जीवन बचानेवाली (f)	life saver (female)	jeewân bâchcnēwâlii
Leber (m)	dschîgârr	जिगर (m)	liver	jîgâr
Lebewesen (n)	dschiew / prããnie	जीव (m) / प्राणी (m)	living being	jeev / prâânii
Leibschmerzen (m)	pēt mē dârrd	पेट में दर्द (m)	stomache ache	pēt mē dârd
Leiste (f)	dschânngâsaa	जंघासा (m)	groin	jânngâsaa
Leistenbruch (m)	hârrniejaa	हर्निया (m)	inguinal hernia	hârneeyaa
Magen (m)	pēt	पेट (m)	stomach	pēt
magenkrank	pēt kaa rōgie	पेट का रोगी	suffering from stomach ache	pēt kaa rōgii
Magenschmerzen (m)	pēt kaa dârrd	पेट का दर्द (m)	stomach ache	pēt kaa dârd
Magenverstimmung (f) od.	bâdhâzmie	बदहज़मी (f) or	indigestion or	bâdhâzmii
Magenverstimmung (f)	âdschierñâ	अजीर्ण (m)	indigestion	âjeerñâ
Massage (f)	maalisch	मालिश (f)	massage	maalish
Masseur (m)	maalisch kârrnēwâlaa	मालिश करनेवाला (m)	masseur	maalish kâmēwâlaa

Deutsch	Lautumschrift	Hindi	English	Transliteration
Masseurin (m)	maalisch kárrnēwälie	मालिश करनेवाली (f)	masseur female	maalish kárnēwälii
massieren	maalisch kárrnaa	मालिश करना	to massage	maalish kárnaa
Medikament (n) oder	dâwaa	दवा (f) or	medicines	dâwaa
Medikament (n)	auschâdhî	औषधि (f)	medicines	aushâdhî
medizinisch	mēdîkâll	मेडिकल	medical	mēdîkâl
Migräne (m)	ârdhâsiesie	आर्धसीसी (f)	migraine	ârdhâseesee
Mikroskop (n)	meikrōskōp	मकोस्कोप (m)	microscope	maikrōskōp
Milz (f)	tîllie	तिल्ली (f)	spleen	tîllee
Mitesser (m)	kiel	कील (f)	blackhead	keel
Morphium (n)	mârphîjaa	मार्फिया (m)	morphine	mârphîyaa
Muskel (m)	mâãspēschie	मासपेशी (f)	muscle	mãāspēshee
Nachtschicht (f)	raatpâlie	रातपाली (f)	night shift	raatpâlii
Nachuntersuchung (f)	dschãñtch / tchēkûpp	जाँच (f) चेकअप (m)	checkup	jãñch / chēkûp
Nacken (m)	gûddie	गुड्डी (f)	nape of the neck	gûdii
Narbe (f)	ghaaw / daag	घाव (m) / दाग (m)	scar	ghaaw / daag
Narkose (f) oder	nîddrâwâhânn /	निद्रावहन (m)	anaesthesia or	nîdrawâhân /
Narkose (f)	behōschie	बेहोशी (f)	anaesthesia	bēhōshii

Gesundheit - Krankheit ∗ स्वास्थ्य और बीमारि ∗ Health - Ailments

Narkosearzt (m)	nîschtchētåkk	anaesthesist	निश्चेतक (m)	nîshchētåk
Narkoseärztin (f)	nîschtchētîkkaa	anaesthesist (female)	निश्चेतिका (f)	nîshchētîkaa
Narkotikum (n)	bēhōsch kärnēwālie dāwaa	narcotic	बेहोश करनेवाली दवा (f)	bēhōsh kárnēwālii dāwaa
Nasenbluten (n) oder	nāk sē khūn kā bêhnaa	nosebleeding or	नाक से खून का बहना (m)or	nāk sē khūn kaa bêhnaa /
Nasenbluten (n)	nåkksier	nosebleeding	नकसीर (f)	nåkksiir
Niederkunft (f)	prâssâww / prâsûtî	delivery (child)	प्रसव (m) / प्रसूति (f)	prâsâw / prâsûtî
Niere (f)	gûrdē kie sūdschânn	kidney inflammation	गुर्दे की सूजन (f)	gûrdêh kee sūjân
Nierenentzündung (f)	gûrrdaa	kidney	गुर्दा (m)	gûrrdaa
Nierenstein (m)	gûrdē kaa pâthârr	kidney stone	गुर्दे का पत्थर (m)	gûrdêh kaa pâthâr
Oberkiefer (m)	ûpârrie dschâbbddaa	upper jaw	ऊपरी जबड़ा (m)	ûpârii jâbddaa
Oberkörper (m)	bâddânn kaa ûpârrie bhaag	upper part of the body	बदन का ऊपरी भाग (m)	bâdânn kaa ûpâree bhaag
Oberschwester (f)	mûkhjá nârrß	senior nurse	मुख्य नर्स (f)	mûkhyá nârs
Ohrenarzt/in (m+f)	kân kaa dāktârr	ear specialist (m+f)	कान का डाक्टर (m)	kân kaa dāktâr
Ohrenschmerzen (pl.)	kân kaa dârrd	earache	कान का दर्द (m)	kân kaa dârd
Operation (f) oder	schâlljâkrîjaa	operation (med) or	शल्यक्रिया (m) or	shályâkrîyaa /

Deutsch	Lautumschrift	Hindi	English	Transliteration
Operation (f)	âpârrêschânn	आपरेशन (m)	operation	âpârêshân
Operationssaal (m)	âpârrêschânn kaa kâmmraa	आपरेशन का कमरा (m)	operating theatre	âpârêshânn kaa kâmraa
operieren (vt.)	âpârrêschânn kârrnaa	आपरेशन करना	to operate	apârêshân kârnaa
Orthopäde in (m+f)	ârthôpiediŝt	ऑर्थोपीडिस्ट (m+f)	orthopaedist (m+f)	ârthôpêdîst
Orthopädie (f)	ârthôpêddie	ऑर्थोपेडी (m)	orthopaedics	ârthôpêdii
Pflege (f) / Krankenpflege (f)	sêwaa dêkhbhâl nârrßinng	सेवा (f) देखभाल नर्सिंग (m)	care / nursing nursing	sêvaa dêkhbhal nârsîng
pflegebedürftig	dêkhbhâl kie zârrûrât	देखभाल की ज़रूरत	in need of care	dêkhbhâl kii zârûrât
Pflegeeltern oder	pâlâkk mâtaa-pîtaa	पालक माता-पिता(m) or	foster parents or	pâlâk mâtaa-pîtaa
Pflegeeltern	pâlâkk mââ-baap	पालक माँ-बाप (m)	foster parents	pâlâk mââ-baap
Pflegekind (n) (männl.)	pâlît-bâttchaa	पालित बच्चा (m)	foster child (male)	pâlît - bâchchaa
Pflegekind (n) (weibl.)	pâlît-bâttchie	पालित बच्ची (m)	foster child (female)	pâlît - bâchchii
pflegen (vt.) oder	sêwaa kârrnaa	सेवा करना or	to care for or	sêvaa kârrnaa
pflegen (vt.)	pârrítchârrjaa kârrnaa	परिचर्या करना	to care for	pârîchâryaa kârnaa
physisch oder	schârierîkk	शारीरिक or	physical or	schâreerîk
physisch	dschißmânîkk	जिस्मानिक	physical	jîsmânîk

Deutsch	Aussprache	हिन्दी	English	Pronunciation
Pickel (m)	phûnsie	फूंसी (f)	pimple	phûnsii
Pocke (f) / Pocken (pl.)	tchêtchâkk / schietâlaa	चेचक (f) / शीतला (f)	small pox	chêchâk / sheetâlaa
Poliklinik (f)	pōlieklienîkk	पोलीक्लीनिक (m)	outpatient's clinic	pōliikleenîk
Puls (m)	nâddie / nâbbß	नाड़ी (f) / नब्ज़ (f)	pulse	nâddii / nâbs
Rachen (m) oder	kâññtt /	कंठ (m) or	throat or	kâññtt /
Rachen (m)	gâllaa	गला (m)	throat	gâllaa
Rachitis (f)	sūkhā rōg / rîkkêttß	सूखा रोग (m)/ रिकेट्स (m)	rickets	sūkhā rōg / rîkêtts
Reiz (m) oder	ûttêdschânnaa	उत्तेजना (f) /	irritation (med)	ûttejânaa /
Reiz (m)	dschōsch	जोश (m)	irritation (med)	jōsh
Reizung (f)	dschâllânn	जलन (f)	irritation (med)	jâllânn
Rheuma (n)	gâttîjaa	गठिया (m)	rheumatism	gâttîyaa
Rippenfellentzündung (f)	plûrîßsii	प्लूरिसी (f)	pleurisy	plûrîssii
röntgen (vt.)	êkßrē kaa tchîttrâ lēnaa	एक्सरे का चित्र लेना	to take xray pictures	êxrē kaa chîtrâ lēnaa
Rückenschmerz (m)	piett kaa dârrd	पीठ का दर्द (m)	back pain	peett kaa dârd
rückfällig	pûnnrâgât	पुनरागत	relapsing	pûnrâgât
Salbe (f)	lēp	लेप (m)	ointment	lēp
Sanitäter (m+f)	pârrîtchârr	परिचर (m)	ambulance (m+f)	pârichâr

Deutsch	Lautumschrift	Hindi	English	Transliteration
Säure (f)	tēzaab / ēsîdd	तेज़ाब (m) / एसिड (m)	acid	tēzaab / ēsîdd
Schädelbruch (m)	khōpdie kaa freiktchârr	खोपड़ी का फ्रेक्चर (m)	fracture of the skull	khōpdii kaa frēkchâr
schädlich	hânîkkârr	हानिकर	harmful	hânîkâr
Schlaganfall	āghāt	आघात (m)	stroke med	āghāt
Schmerz (m)	dârrd / piedaa	दर्द (m) / पीड़ा (f)	pain	dârrd / piedaa
schmerzen	dūkhnaa / dârrd hônaa	दुखना / दर्द होना	to pain	dūkhnaa / dârd hōnaa
schmerzhaft / schmerzlich	dârrdnāk / piedâjŭkkt	दर्दनाक / पीड़ायुक्त	painful / painful	dârdnāk / peedâyŭkt
schmerzlos	piedâhien	पीड़ाहिन	painless	peedâheen
Schmerztablette (f)	schântdâyâkk auschâdhi	शांतदायक औषधि (f)	painkiller	shântdâyâk aushâdhî
Schwindel (m)	tchâkkârr / ghûmttaa	चक्कर (m) घूमता (m)	dizziness / vertigo	tchâkkârr / ghûmttaa
schwitzen	pâsienaa ânaa	पसीना आना	to sweat	pâseenaa ānaa
Sonnenbrand (m)	sūryâdâhâ	सूर्यदाह (m)	sunburn	sūryâdâhâ
Sonnenstich (m)	lū lâgnaa	लू लगना (m)	sunstroke	lū lâgnaa
Spezialist (m)	wîschēschgjā	विशेषज्ञ (m)	specialist	wîshēshgyã

German		Hindi	English	
Spritze (f) oder	sūjie /	सुई (f) or	injection or	sūyii /
Spritze (f)	īnndschēkschânn	इंजेक्शन (m)	injection	înjçkshân
spritzen (vt.) oder	sūjie lãgganaa /	सुई लगाना or	to inject or	sūyii lãggānaa /
spritzen (vt.)	īnndschēkschânn dēnaa	इंजेक्शन देना	to inject	înjēkshân dēnaa
Spülung (f) (med)	sâffãjie	सफाई (f)	douche (med)	sâfāyee
Stauung (f) (med)	dschâmmāw	जमाव (m)	damming up	jâmāv
Sucht (f)	ûnnmaad	उन्माद (m)	addiction	ûnmaad
Tablette (f)	gõlie	गोली (f)	tablet	gõlii
Temparatur (f)	tâpmaan	तापमान (m)	temperature	tāpmaan
Tumor (m)	fõddaa	फोड़ा (m)	tumor	fõddaa
Typhus	tteifâss	टायफस (m)	typhus	tteifâss
übertragbar (med)	sânnkrâmâkk	संक्रामक (m)	infectious	sânkrāmâk
Unfall (m)	dûrrghâttnaa	दुर्घटना (f)	accident	dûrghâttnaa
Unfallstation	prāthâmîkk-ûpptchaar kēndrâ	प्राथमिक - उपचार (m) केंद्र (m)	casualty ward	prāthâmîk-ûpchaar kēndrâ
Unfallversicherung (f)	dûrrghâttnaa biemaa	दुर्घटना बीमा (m)	accident insurance	dûrghâttnaa biimaa
Unfallwagen (m)	ēmbûllēñce	एंबुलेंस (m)	ambulance	ēmbûllēñce
untersuchen	dschāntch kârrnaa	जांच करना	check / examine	jānch kârnaa

Deutsch	Lautumschrift	Hindi	English	Transliteration
Untersuchung (f)	dschântch	जाँच (f)	check up	jānch
Vene (f)	nâss / schîrraa	नस (f) / शिरा (f)	vein	nâss / shîraa
Venenentzündung (f)	schîrrârî	शिरारि (f)	phlebiti	shîrārî
Verband (m)	pâttie	पट्टी (f)	bandage / dressing	pâttie
Verdauung (f)	pâtchânn / hâzmaa	पाचन (m)/ हज्मा (m)	digestion	pâchân / hâzmaa
Verdauungsstörung (f)	âppâtch / bâdd'hâzmie	अपच (m) / बदहज्मी	indigestion	âpâch / bâd'hâzmie
Vergiftung (f)	wîschpaan	विषपान (m)	poisoning	wîshpaan
verschleimt (med)	kâff sê sânnkûlît	कफ से संकूलित	blocked with phlegm	kâf sê sânkûlît
Verschleimung (f)(med)	kâff sê sânnkûlânn	कफ से संकूलन (f)	blockage with phlegm	kâf sê sânkûlân
Wahnsinn (m)	pâgâll pânn	पागलपन (m)	insanity	pâgâlpân
Waise (f) (Junge)	ânâth	अनाथ (m)	orphan (male)	ânāth
Waise (f) (Mädchen)	ânâthînie	अनाथिनी (m)	orphan (female)	ânâthînii
Waisenhaus (n) oder	ânâthâlâjâ	अनाथालय (m) or	orphanage or	ânāthâlâyâ
Waisenhaus (n)	ânâth âschrâmm	अनाथ आश्रम (m)	orphanage	ânâth âshrâm
Warze (f)	mâssâ	मस्सा (m)	wart	mâssā

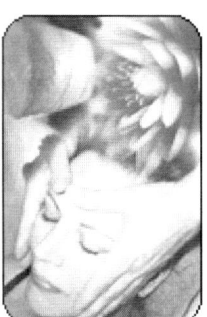

Deutsch	Hindi (Umschrift)	Devanagari	English	Hindi
Watte (f)	rūie	रूई (m)	cottonwool	rūii
Wehe (f) (Geburt)	prâssâw-wēdânnaa	प्रसव वेदना (f)	birth pains	prâsâv-vēdânaa
Wiederbelebungsversuch (m)	dschîllane kaa prâjâttnâ	जिलाने का प्रयत्न (m)	attempt to resuscitate	jîlānē kaa prâyâtnâ
Wiederbelebungsversuch	hōsch kârrnē kaa prâjâttnâ	होश करने का प्रयत्न (m)	to re-animate	hōsh kârnē kaa prâyâtnâ
wirksam	fâlldâjàkk	फलदायक (m)	effective	fâldāyàk
Wunde (f)	ghaaw	घाव (m)	wound / cut	ghaav
Zahnarzt (m) /	daañtō kaa daktârr	वंतों का डावटर (m)	dentist	daañtō kaa dāktâr
Zahnärztin (f)	daañtō kaa daktârr	वंतों का डावटर (f)	lady dentist	daañtō kaa dāktâr
Zahnschmerz (m)	daañt kaa dârrd	वंत का दर्द (m)	toothache	daañt kaa dârd
Zahnstein (m)	daañtō pârr dschâmmā hûwaa meil	वंतों पर जमा हुआ मैल (m)	tartar	daañtō pârr jâmaa hûwaa mail

Familienstammbaum von Gopal Sharma

Auch wenn das moderne Zeitalter in Indien schon lange Einzug gehalten hat und die Traditon der **Großfamilie** fast ausgerottet ist, bleibt die **Familie** im allgemeinen eine wichtige Institution. Es wird versucht, harmonisch viel mit der Familie zu unternehmen und bei Schwierigkeiten ältere und erfahrene Personen zu Rate zu ziehen. Dem Familienoberhaupt wird Respekt und Achtung gezollt. Die Kinder reden mit ihren Eltern in der Respektform: **aap** - Sie आप. Die Verwandtschaft der indischen Familie ist klarer definiert als die der deutschen Familie.

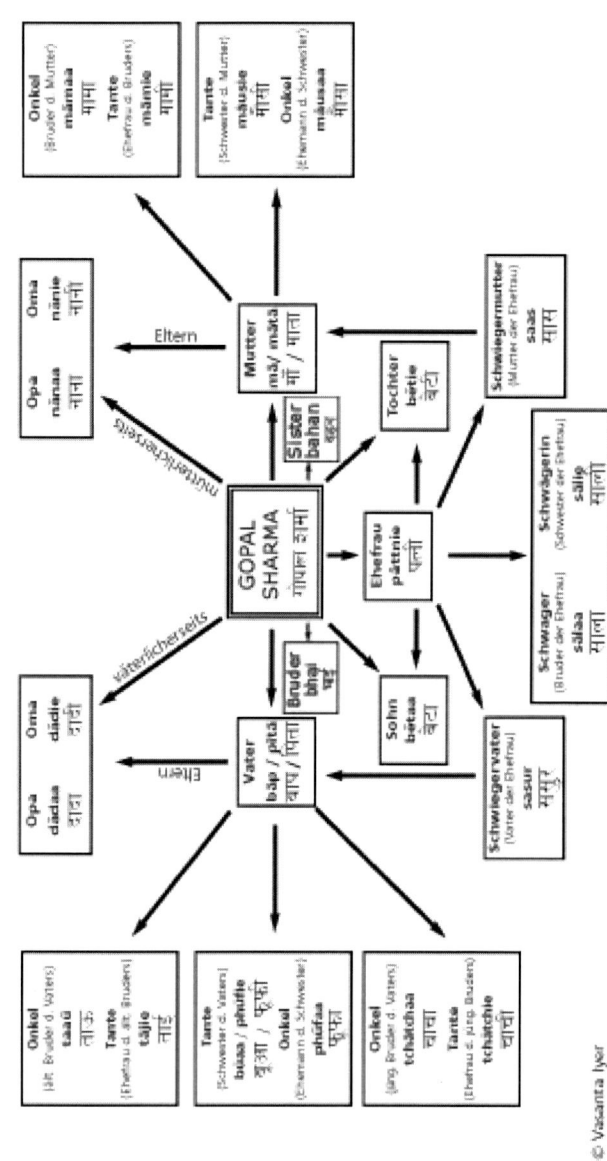

Kinship - The family tree of Gopal Sharma

For quite some time the modern era has dawned on India. Due to this reason the tradition of **extended families** are diminishing. However, the **family** as an institution, is still intact and plays a vital role in the lives of Indians where traditions and values are safe-guarded. In times of difficulties, it is indeed the family that helps. Parents and elderly members are given due respect. Children address them respectfully with **aap** - You आप . The Indian family tree identifies relationships more precisely than the English equivalents. Illustrated herebelow is for example the family tree of Krishna Sharma.

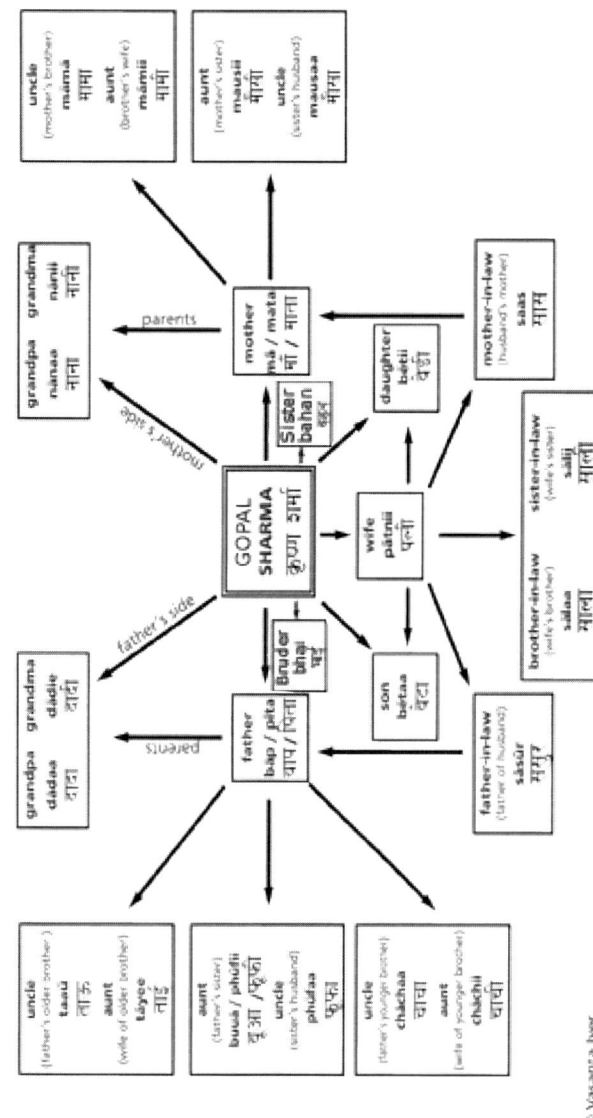

© Vasanta Iyer

Kinship The family tree **141**

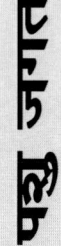

DIE TIERWELT
ANIMAL WORLD

पशु जगत

Deutsch	Lautumschrift
Affe (f)	bânndârr
Antilope (m)	kûrâñg
Bär (m)	bhâlû
Büffel (m)	bheiñßaa
Büffel-kuh (f)	bheiñß
Eichhörnchen(n)	gîllâhârie
Eier (m)	añdaa
Elefant (m)	hāthie
Elefanten-kuh (f)	hâthânie
Esel (m)	gâddhâ
Eselin (f)	gâddhie

Hindi	English	Transliteration
वंदर (m)	ape	bânndâr
कुरंग (m)	antilope	kûrâng
भालू (m)	bear	bhâlû
भैंसा (m)	buffalo	bhainsaa
भैंस (f)	buffalo	bhains
गिलहरी	Squirrel	gîlâhâree
अंडा (m)	egg	andā
हाथी (m)	elephant	hāthii
हथनी (f)	elephant-cow	hâthânii
गदा (m)	donkey	gâdhaa
गदी (f)	donkey	gâdhii

Fisch (m)	mâttchchâlie	मछली (f)	fish	mâchchâlii
Flügel (m)	pâñkh	पंख (m)	wing	pânkh
Gepard (m)	tchietā	चीता (m)	cheetah (m)	chiitā
Gepardin (f)	tchietā	चीता (f)	cheetah (f)	chiitā
Giraffe (m+f)	dschîrāf	जिराफ (m+f)	giraffe (m+f)	jîrāf
Hund (m)	kûttā	कुत्ता (m)	dog	kûttā
Hündin (f)	kûtîjaa	कुतिया (f)	bitch	kûtîyaa
Kamel (m)	ūñttñ	ऊंट (m)	camel (m)	ūntt
Kamel-kuh (f)	ūñttnie	ऊंटनी (f)	camel cow	ūntnii
Kater (m)	bîllā	बिल्ला (m)	tomcat	bîllā
Katze (f)	bîllie	बिल्ली (f)	cat (f)	bîllii
Klaue	nâkhârr	नग्वर	claws	nâkhâr
Krähe (f)	kâuwaa	कौवा(m)	crow	kauvaā
Krokodil (n)	mâggârrmâttchchh	मगरमच्छ (m)	crocodile	mâgârâmâchchh
Kuh (f)	gāj	गाय (f)	cow	gaay
Löwe (m)	schēr	शेर (m)	lion	shēr
Löweîn (f)	schērnie	शेरनी (f)	lioness	shērnii
Maus (f)	tchûhaa	चूहा (m)	mouse	chūhaa

Deutsch	Lautumschrift	Hindi	English	Transliteration
Nest (f)	ghõnsâlâ	घोंसला (m)	nest	ghõnsâlaa
Papagei(m)	tõtaa	तोता (m)	parrot	tõtaa
Schildkröte (f)	kâtchchûwaa	कछुवा (m)	turtle	kâchchûva
Schimpanse (m)	tchîmmpãiñsie	चिम्पांज़ी (m)	chimpanzee	chimpanzee
Schimpansin (f)	tchîmmpãiñsie	चिम्पांज़िन (f)	chimpanzee	chimpanzee
Schlange (f)	sãp	साँप (f)	snake	sãp
Schnabel (m)	tchõñtch	चोंच (m)	beak	chõnch
Schnabel (m)	pũñtchh	पूंछ (m)	tail	pũñchh
Schwein(m)	sûwârr	सूवर	pig	sûvâr
Spatz (m)	gaurejjâ	गौरिया (f)	sparrow	gauraiyã
Taube (m)	kâbbûtârr	कबूतर (m+f)	pigeon	kâbûtâr
Tiger (m)	bâgh	बाघ (m)	tiger	bâgh
Tigerin (f)	bâghinn	बाघिन (f)	tigeress	bâghîn
Zebra (n)	dschêbrã	ज़ेब्रा(m) or	zebra (m)	zêbraa
Zebra (n)	dschânnglie ghâdhaa	जंगली गधा (m)	zebra	jânnglii ghâdhaa

Ziege (f)
Vogel(m)

bâkârie
pâkschie

वकरी (f)
पक्षी

goat (m)
bird

bâkârii
pâkshee

Deutsch	Lautumschrift	Hindi	English	Transliteration
Anfang (m)	ārâmmbh	आरंभ (m)	start / beginning	ārâmbh
anfangen (v) oder	shûrû hônaa/	शुरू होना or	to start or	shûrû hônaa
anfangen (v) oder	ārâmmbh hônaa	आरंभ होना	to begin	ārâmbh hônaa
Ausbildung (f)	schîkkschaa / trênîng	शिक्षा (f) / ट्रेनिंग	training / practise	shîkshaa / trênîng
ausscheiden (v)	nîkkâlnaa	निकालना	eliminate / exclude	nîkâlnaa
Badminton (n)	beidmînntânn	बेडमिंटन (m)	badminton	baidmîntân
Ball (m)	geind	गेंद (f)	ball	gaind
Batik (f)	baatîkk	वाटिक (m)	batik	baatîk
Baseball (n)	bēsbōl	वेसवाल (m)	baseball	bēsbōl
Baseballmütze (f)	bēsbōl kie tōpie	वेसवाल की टोपी (f)	baseball cap	bēsbōl kii tōpii
Baseballspieler (m)	bēsbōl khîlâdie	वेसवाल खिलाड़ी (m)	baseball player	bēsbōl khîlâdii
Basketballspiel (n)	bâskêttbōl	वास्केटवाल (m)	basketball	bâskêtbōl
Basketballspieler (m)	bâskêttbōl khîlâdie	वास्केटवाल खिलाड़ी (m)	basketball player	bâskêtbōl khîlâdii

German	German pronunciation	Hindi	English	Hindi pronunciation
Basketballspiel-Netz (n)	bāskèttbōl nètt	वास्केटबॉल नेट	basketball net	bāskēttbōl nētt
Bauer (m) (Schachspiel)	paun	पॉन (m)	pawn (chess)	paun
Beinschutz (m)	peirōn kē päddß	पेरों के पैडस (m)	leg pads	peirõn kē pēds
Bergsteigen (n)	pârrwât tchâddâjie	पर्वत चढ़ाई (f)	mountaineering	pârvâtchâddâyee
Bergsteiger (m)oder	pârrwâtrōhie	पर्वतरोही (f) or	mountaineer	pârvâtrōhii
Bergsteiger (m)	pârrwât pârr tchâddnēwälä	पर्वत पर चढ़नेवाला (m)	mountaineer	pârvat pār chādnēwalaa
Bergsteigerin (f)	pârrwât pârr tchâddnēwälie	पर्वत पर चढ़नेवाली (f)	mountaineer	pârvat pār chādnēwalii
Berufssportler (m)	wjawâsaajikk khillädie	व्यावसायिक खिलाड़ी (m+f)	professional sportsman / woman	vyâvâsâyik khilādii
Billiardkugel (f)	billjärd geind	बिलियर्ड गेंद (f)	billiard ball	bîlyârd gaind
Billiardspiel (n)	billjärd	बिलियर्ड (m)	billiard	bîlyârd
Billiardspieler (m)	billjärd khillädie	बिलियर्ड खिलाड़ी (m)	billiard player	bîlyârd khilādii
Billiardtisch (m)	billjärd kaa mēz	बिलियर्ड की मेज़ (f)	billiard table	bîlyârd kaa mēz
Blackjack Kartenspiel (n)	blēkk dschêkk	ब्लैकजैक (f)	black jack	blēkjēk
Bowlingkegelbahn (f)	bōlinng ällie	बॉलिंग ऑली (f)	bowling alley	bōling ēlii
Bowling kegel (m)	bōlinng pînnß	बॉलिंग पिंस	bowling pins	bōling pîns
Bowlingkugel (f)	bōlinng kie gēhnd	बॉलिंग की गेंद (f)	bowling ball	bōling kii gaind

Deutsch	Lautumschrift	Hindi	English	Transliteration
Bowlingspiel (n)	bōlinng	बॉलिंग (f)	bowling	bōling
Bowlingspieler (m)	bōlinng khillādie	बॉलिंग खिलाड़ी (m)	bowling player	bōling khilādii
boxen (vt.)	mûkkõ sē lâddnaa	मुक्कों से लड़ना	to box	mûkkõ sē lâdnaa
Boxer (m) oder	mûkkēbāz / bōkßãrr	मुक्केबाज / बॉक्सर (m) or	boxer or	mûkkēbāz / bōksãr
Boxer (m)	mûkko sē lâddnêwãlaa	मुक्कों से लड़नेवाला (m)	boxer	mûkko sē lâddnêwãlaa
Boxerin (f)	mûkkō sêlâddnêwãlie	मुक्कों से लड़नेवाली (f)	lady boxer	mûkkō sē lâddnêwãlii
Boxring (m)	mûkkēbazie kaa ãkhãdaa	मुक्केबाजी का अखाड़ा (m)	boxing ring	mûkkēbāzii kaa ãkhãdaa
Boxsport (n)	mûkkēbāzie	मुक्केबाजी (f)	boxing	mûkkēbāzii
Bube (m) (Kartenspiel)	dschak	जॅक (m)	jack (card game)	jēk
Bungeespringen (n)	bânndschie dschâmmpînng	बंजी जंपिंग (f)	bungee jumping	bânjii jâmpîng
Cha Cha Cha (n) (Tanz)	tcha -tcha -tcha -naatch	चा-चा-चा नाच	cha cha cha (dance)	cha -cha -cha -naach
Curling (n)	kârrlînng	कॉर्लिंग	curling	kârlîng
Dressurreiten (n)	drēsēdsch	ड्रेसेज	dressage	drēsēg
Dame (f) (Brettspiel)	rādschaa / bādschah	राजा / बादशाह (m)	king (draughts / chequers)	rājaa / bādshāh
Dame (f) (Kartenspiel)	bēgâmm / rãnie	बेगम / रानी (f)	queen (card game)	bēgâm / rãnii
Dame (f) Schachspiel	fãrrzie / rãnie	फर्जी / रानी (f)	queen (chess)	fãrzee / rãnii
Drachen (m)	pâttânng	पतंग (f)	kite	pâtâng
Drachenfliegen (n)	hênng gleidînng	हैंग ग्लाइडिंग (f)	hang gliding	hêng glaidîng

German	Hindi (roman)	Hindi (Devanagari)	English	Hindi (roman)
Drachen fliegen lassen	pâttânng ûddānaa	पतंग उड़ाना	to fly a kite	pâtâng ûddānaa
Dressurreiter (m)	ghōde kaa prâschîkkschâk	घोड़े का प्रशिक्षक (m)	horse trainer	ghōde kaa prāshikshâk
Ehre (f)	ādârr	आदर (m)	honour	ādâr
jmdn ehren (vt.)	kîßiekaa ādârr kârrnaa	किसीका आदर करना	to honour someone	kîseekaa ādâr kârnaa
Eintritt (m)	prāwēsch / ēñntrie	प्रवेश / एंट्री (m)	entry	prāvēsh / ēntrii
Eintrittskarte (f) oder	prāwēsch pâttraa/	प्रवेश पत्र or	entry ticket or	prāvēsh pâtraa
Eintrittskarte (f)	ēnntrie tîkkâtt	एंट्री टिकट	entry ticket	ēntrii tîkkâtt
Eishockey (n)	eis hākie	आइस हॉकी (f)	ice-hockey	ice-hākii
Eishockeyschläger (n)	eis hākie bâllaa	आइस हॉकी वल्ला (m)	ice-hockey stick	ice-hākii bâlaa
Eishockeyspieler (m)	eis hākie khîllâdie	आइस हॉकी खिलाड़ी (f)	ice-hockey player	ice-hākii khîllâdie
Eisläufer (m)	eis skētârr	आइस स्केटर (m)	ice-skater	eis skētâr
Eislauf (m)	eis pârr skēting	आइस स्केटिंग	ice-skating	ice pâr skēting
eislaufen (vt.)	eis pârr skēt kârrnaa	आइस पर स्केटिंग करना	ice skate	eis pâr skēt kârnaa
Elf (f) (Fußballmannschaft)	fūttbaal ttiem	फूटबॉल टीम	football (soccer) team	fûttbāl tteem
Endspiel (n)	ânntîmm khēl	अंतिम खेल	finals	ânntîm khēl
Jmdn entlassen (vt.)	kîßiekō nîkkālnaa	किसीको निकालना	to remove someone	kîseekō n̄kālnaa
entscheiden (vt.) oder	feißlaa kârrnaa	फैसला करना	to decide	faislaa kârnaa
entscheiden	nîrñei kârnaa	निर्णय करना	to decide	nîrñei kârnaa

Deutsch	Lautumschrift	Hindi	English	Transliteration
Entscheidung (f)	nîrrñei / feißlaa	निर्णय / फैसला	decision	nîrñei / feislaa
Entscheidungsspiel (n)	nîrrñäjäkk khēl	निर्णायक खेल	decisive play	nîrñâyàk khēl
sich erholen (order)	āraam kârnaa/	आराम करना or	rest / recover or	āraam kârnaa/
sich erholen (oder)	wîschrām kârrnaa	विश्राम करना	rest / recover	wîshrām kârnaa
Erfolg (m)	sâffâlltaa	सफलता	success	sâfâltaa
Erfolg (m)	kâmjâbie	कामयाबी	success	kâmyâbee
Erfolg haben	sâffâll hônaa	सफल होना	to have success	sâfâl hônaa
Erholung (f)	āraam / wîschrām	आराम / विश्राम	rest / relax	āraam / wîshrām
Eröffnung (f)	khōlnaa / ârâmmbh	खोलना / आरंभ	opening	khōlnaa / ârâmbh
Etappe (f) (Teilstrecke)	daur	दौर	stage / lap	daur
Fahrrad (n)	seikâll	साइकल or	cycle	seikâl
Fahrrad (n)	peirr gâdie	पैर गाड़ी	cycle	peyir gâdii
fahrradfahren (n)	seikâll tchâllânaa	साइकल चलाना	cycling	saikâll châlânaa
Fall (m)	pâtânn	पतन	fall / drop	pâtân
Fallschirm (m) oder	hâwãjie tchâttrie	हवाई छतरी or	parachute	hâvâyee châttârii
Fallschirm (m)	peirâschũt	पैराशूट	parachute	pairâschũt
Fallschirmabsprung (m) oder	peirâschũt dschâmmp	पैराशूट जंप	parachute jump	pairâshũt jâmp
Fallschirmspringer (m) oder	peirâschũt baaz	पैराशूट बाज़ or	sky diver or	airâshũt baaz

German		Hindi		English
Fallschirmspringer (m)	tchâttrie baaz	छत्री बाज़	**châttrii baaz**	parachutist
Faltboot (n)	mûdnêwâlie naaw	मुड़नेवाली नाव	**mûdnêwãlii naav**	folding canoe
Fan (n)	fēn	फ़ैन (m)	**fēn**	fan
fangen (vt.)	pâkkâddnaa	पकड़ना	**pâkâdnaa**	to catch
Faust (f)	mûkkaa / ghûssaa	मुक्का / घुस्सा	**mûkkaa / ghûsaa**	fist
fechten (v)	pâttēbaazie	पतेबाज़ी	**pâttēbāzii**	fence fight
Fechter (m)	pâttēbaaz	पतेबाज़	**pâttēbaaz**	fence fighter
feier (f)	ûttsâww /	उत्सव	**ûtsâv**	celebration
feiern (vt.) oder	khûschie mânnãnaa	खुशी मनाना or	**khûshi mânãnaa**	celebrate or
feiern (vt.) oder	mânnãnaa	मनाना	**mânnãnaa / jâshnâ kârnaa**	celebrate
feiern (vt.)	dschâschnâ kârrnaa	जश्न करना	**jâshnâ kârnaa**	celebrate

Religion und Yoga
Religion and Yoga

धर्म और योगा

Deutsch	Lautumschrift	Hindi	English	Transliteration
Abgeschiedenheit der Muslimin von der Öffentlichkeit.	pârrdāh	परदा (m)	seclusion of Muslim women from the public.	pûrdāh
Acht-Gliedermaßen (Yoga)	âschtāng	अष्टांग (m)	eight limbs (Yoga exercise)	âshtāng
Affengott (m)	hânnûmân	हनुमान (m)	ape god & devotee of Rama	hânûmān
Andacht mit Lichter (f)	ârtie	आरती (F)	Hindu worship with lamps	aarti
Arabisch: verboten,	hârâmm	हरम (m)	Arabic: forbidden	hârâm
Asket/ heiliger Mensch	sādhū	साधू (m)	ascetic / holy man	sādhū
Atemübungen in Yoga	prâñâjām	प्राणायाम (m)	Yoga breathing exercises	prâñâyâm
Wohnbereich nur für Frauen (Moslemische Sitte)	zânânaa	जनाना (m)	a living area only for women (Muslim custom)	zânânaa

Deutsch		Devanagari	English	
Aufgeklärter- Buddha	bōdhîsâttwâ	वोधिसत्त्व (m)	The enlightened Buddha	bhōdhîsâtvâ
Aufklärung, Auferleuchtung	nîrrwâñ	निर्वाण (m)	enlightment	nîrvâñ
Bergheimat von Gott Schiwa	kailās	कैलास (m)	mountain abode of Shiva	kailās
Bhagvadgita, Gotteshymne	bhâghwâddgietaa	भगवनगीता (m)	Bhagavadgita, song celestial	bhâgâvâdgitā
blutrünstige Form der Durga	kālie	काली (m)	terrifying form of Durga	kālī
Spemden box in Tempeln	hûnnddie	हूंडी (f)	donation box kept in temples	hûnddî
Brahmaner (höchste Kaste)	brâhmâññ	ब्राह्मण (m)	highest Hindu caste	brâhmâñ
Buch der Sikhs (n)	grânth sâhâbb	ग्रंथसाहब (m)	holy book of the Sikhs	grânth-sâhâb
Buddhistischer-Mönch (m)	bhikkū	भिक्कू (m)	Buddhist monk	bhikū
Dämonkönig von Lanka	rāwâññ	रावण (m)	demon king of Lanka	rāvâñ
Einsiedelei / Ruhestätte (f)	āschrâmm	आश्रम (m)	hermitage	âshrâm
elefant-köpfiger Gott (m)	gânnēsch	गणेश (m)	elephant-headed god	gânēsh
Epos der Hindus (n)	mâhābhârât	महाभारत (m)	an important Hindu epic	mâhābhârât
Epos + Geschichte Gott Ramas	rāmājâññ	रामायण (m)	Epic and story of god Rama	rāmāyâñ

Deutsch	Lautumschrift	Hindi	English	Transliteration
Erlösung (f)	mōksch	मोक्ष (m)	salvation	mōksh
ermoderter Sohn von Ali (m)	hussain	हुसैन (m)	murdered son of Ali	hûssain
Erreichung eines höheren Bewußtseinszustand	sâmādhî	समाधि (f)	high-level state of consciousness	sâmādhî
Fahrzeug zur Beförderung der Götter	wâhânn	वाहन (m)	vehicle of the Hindu deity	vâhân
Fastenzeit der Moslems oder	râmmzzān	रमज़ान or (m)	Muslim month of fasting or	râmzān
Fastenzeit der Moslems	râmādān	रमादान (m)	Muslim month of fasting	râmādān
Feuer (n)	âggnî	अग्नि (f)	fire	âgnî
Feuergott (m)	âggniedêv	अग्निदेव (m)	fire-god	âgni - dêv
fliegender Musiker (m)	gânndhârrwâ	गंधर्व (m)	flying celestial musician	gândhârvâ
Freitags-Moschee (f)	dschâmmaa mâßdschîdd	जम्मा मसजिद (f)	important Friday mosque	jâmmaa mûsjid
Erde (f)	bhūmî	भूमि (f)	earth	bhūmî
Freude (f)	ānâñd	आनंद (m)	joy	ānâñd
Fürchterregender Gott (Schiwa)	bheirâww	भैरव (m)	Shiva, the fearful god	bhairāw

geistlicher Lehrer (m)	गुरु (m)	**gûrû**	teacher/spiritual leader **gûrû**
Glauben / Religiösepflicht	धर्म (m)	**dhârrmâ**	moral and religious obligation **dhârmâ**
herabsehender Gott / (m) Bodhisattwa (Buddha)	अवलोकितेश्वर (m)	**âwâllôkêtêschwârr**	Lord who looks down / **âvâlôkêtêshwâra** Bodhisattva (Buddha)
Gefährtin von Gott Krishna (f)	राधा (f)	**rādhā**	Krishna's favourite consort **rādhā**
Gefährtin von Gott Schiwa (f)	उमा (f)	**ûmmā**	Lord Siva's consort **ûmā**
geistl. Führer der Moslems (m)	इमाम (m)	**îmâm**	spiritual leader of the muslims **îmâm**
Gott (m) oder	हरी / देव (m) or	**hârrie / dēw**	god or **hârii / dēv**
Gott (m)	देव (m) / रब (m)	**dew / râbb**	god **dēv / rub**
Gott Krischna (m)	जगन्नाथ (m)	**dschâggânnāth**	Lord Krishna **jâgânāth**
Gott Rama	राम (m)	**rām**	Lord Rama **rām**
Gott Schiwa (m) oder	ईश्वर (m)	**iischwârr**	Lord Shiva or **iishwâr**
Gott Schiwa	शिव (m)	**schiww**	Lord Shiva **shîv**
Gott Schiwā und Göttin Pārwātii	गौरिशंकर (m)	**gaurieshânnkârr**	God Shiva and goddess Parvati **gaurii-shânkâr**
Gott Wischnu's Fahrzeug	गरुड (m)	**gârrûd**	God Vishnu's vehicle **gârûd**

Deutsch	Lautumschrift	Hindi	English	Transliteration
Gott der Kriege auch Karthikeya genannt	skânnd	स्कंद (m)	Hindu god of war also called Karthikeya	skând
Gott des Windes	wãyû	वायु (m)	wind god	vāyû
Götterkönig (m)	înndrã	इंद्र (m)	King of the gods	îndrâ
Gottesgabe nach der Andacht	prâßâd	प्रसाद (m)	consecrated temple offering	prâsâd
Göttin (f)	dêwie	देवी (f)	goddess	dêvii
Göttin des Überflusses (f)	ânnâpûrñaa	अन्नपूर्णा (f)	Hindu goddess of surplus	ânnâpûrñaa
Göttin Paarwâtie (f)	gaurie	गौरी (f)	Hindu goddess	gauri
Göttin und Gefährtin des Gottes Schiwas	shâktie	शक्ति (f)	Goddess and Consort of Lord Shiva	shâktii
Halbbruder von Gott Rama	bhârât	भरत (m)	Rama's half brother	bhârât
Hauptfest der Moslems (n)	eid (iid)	ईद (f)	main muslim festival	iid
heilige Pflanze der Hindus (Basilikum-Pflanzenfamilie)	tûllâsie	तुलसी (f)	sacrad Basil plant revered by the Hindus	tûlâsii

Deutsch		Devanagari	English	
Heiliger-Fluß der Hindus (m)	**gânngaa**	गंगा (f)	holy river of the Hindus	**gângaa**
Heiliger und Verfasser des Epos, Ramayana	**bālmieki**	वाल्मीकि (m)	seer and author of the epic Ramayana	**bālmeekî**
Heiliges-Buch der Moslems	**qûrrān**	क़ुरान (f)	holy Muslim scripture	**qûrān**
Heiliges-Buch der Sikhs (n)	**ādî grânnth**	आदि ग्रंथ (m)	holy book of the Sikhs	**âdi-grânth**
Held des Mahabharata Epos	**ârrdschûnn**	अर्जुन (m)	hero in the epic Mahabharata	**ârjûn**
himmlische Nymphe (f)	**âppsāraa**	अपसरा (f)	celestial nymph	**âpsâraa**
Hindu-Andacht	**pūdschā**	पूजा (f)	Hindu worship	**pūjâ**
Hindu-Fest zu Ehren von Gott Schiwa	**schiwwârātri**	शिवरात्रि (f)	festival in honour of Lord Shiva	**shîvârātrî**
Hindu-Geistlicher	**rischî**	ऋषि (m)	Hindu seer	**rîshî**
Hindu-Göttin der Lehre	**sârrāßwâttie**	सरस्वती (f)	Hindu goddess of knowledge	**sârâsvâtî**
Hindugöttin und Powerfrau	**dûrrgaa**	दुर्गा (f)	Hindu goddess and power woman	**dûrgā**
hinduistisch-buddhistisches Rad der Gesetze	**tchâkkrā**	चक्र (m)	Hindu-Buddhist wheel of laws	**châkrâ**

Deutsch	Lautumschrift	Hindi	English	Transliteration
Hindu-triumwarate Brahma,Vischnu, Schiwa	trîmûrtî	त्रिमूर्ति (f)	Hindu triad, Brahma,Vishnu, Shiva	trîmûrtî
Inkarnation eines Buddhisten Mönches	rîmmpōtch	रिम्पोच (m)	abbot of a Tibetan Buddhist monastery	rîmpōch
Inkarnation einer Gottheit	âwwâtâr	अवतार (m)	incarnation of a divinity	âvtār
Islamischer Richter und Arzt	hâkîm	हकीम (m)	muslim physician and judge	hâkîm
Jemand, der eine Andacht durchführt	pûdschârie	पुजारी (m)	a person who performs puja	pûjârie
Junggeselle / Student der Religion (f)	brâh'mâttchârie	ब्रह्चारी (m)	bachelor/student of religion	brâhmâchârii
Konzentrationsübung (f) (yoga)	dhârânnaa	धारना (m)	mind concentration exercises (yoga)	dhârânaa
Körperposition (Yoga)	āsânn	आसन (m)	body posture (Yoga)	āsân
Kuhmagde und Spielgefährtinnen von Krischna (f)	gōpie	गोपी (f)	milkmaids who played with Lord Krishna	gōpii
Lakshmi, Göttin der Reiche	lâkkschmie	लक्ष्मी (f)	Goddess of wealth and fortune	lâkshmii
Lehrer / Sanskrit-Gelehrter	pândît	पंडित (m)	teacher/ Sanskrit scholar	pândît

Lichterfest (n) oder	diewalie	दिवाली (f)	festival of lights	diwālii
Lichterfest	diepāwālie	दीपावली (f)	festival of lights	deepāvālee
Lotus / Meditationspose (f)	pâddmaa	पद्म (m)	lotus / meditation posture	pādmaa
Meditation (f)	dhjān	ध्यान (m)	meditation	dhyān
Mekka-Besucher (m)	hādschie (Haji vorm Namen)	हाजी (f)	a muslim who visited Mecca	hājii (before name)
Moment des Gottesanblick	dārrshānn	दर्शन (m)	viewing the deity	dārshân
moslemische Gesetzgebung	shârriejât	शरियत (f)	muslim laws	shâreejât
moslemische Mystik (f)	sūfie	सूफी (f)	Islamic mystic	sūfii
muslimischer Geistlicher (m)	mûllāh	मुल्ला (m)	Muslim spiritual teacher	mûllāh
muslimischer Mediziner (m)	fākkier	फकीर (m)	Muslim mendicant	fâkir
Name Shiwa (Gott der Tiere)	pâschûpâti	पशुपति (m)	Lord Shiva, (god of the animals)	pâshûpâtî
Name von Gott Krischnā (m)	gōpāl	गोपाल (m)	name of god Krishna	gōpāl
Name vom Gott Schiwa	shânnkārr	शंकर (m)	a name of Lord Shiva	shânkâr
Nicht töten / kein Gewalt	âh'hiññsaa	अहिंसा (m)	non-violence	âhiñsaa
Frau der Pandawa (f) (Epos Mahabharata)	draupādie	द्रौपदी (f)	wife of the Pandavas (Epic Mahabharata)	draupādii

Deutsch	Lautumschrift	Hindi	English	Transliteration
Phallisches Symbol Shiva	lînngâmm	लिंगम (m)	phallic symbol of Lord Shiva	lîngâm
Pilgerfahrt nach Mekka (f)	hādsch (Haj)	हाज (m)	annual pilgrimage to Mecca	hāj
Rad der geistigen Gesetzes	dhârrmâ-tchâkkrâ	धर्मचक्र (m)	wheel of moral law	dhârmâ-châkrâ
Raststätte für Pilger (f)	dhârrmâschâlaa	धर्मशाला (m)	resthouse for pilgrims	dhârmâshâlâ
Räucherstäbchen (n)	âgârrbâtie	अगरबत्ती (m)	incense sticks	âgârbâtii
Religionslehrer (m)	âtchârjâ	आचार्य (m)	religious teacher	âcharyâ
rotes Pulver, das in den Tempeln benutzt wird (Adj.)	sînndûr	सिंदुर (m)	vermillion powder used in temples	sîndûr
Schiwa als Mann/Frau	ârrdhâ'nârieschwâr	अर्धनारीश्वर (m)	Shiva as male & female	ârdhânâriishwâr
Schleier-Kleid der Muslimin	bûrrkhaa	बुरखा (m)	dress worn by Muslim women	bûrqâ
Seelenwanderung (f)	sâmmsâr	संसार (m)	transmigration of the soul	sâmsâr
Selbstreinigung (f)	nîjjâmm	नियम (m)	selfcleansing	nîyâm
Sikhtempel (m)	gûrûdwâraa	गुरुद्वारा (m)	Sikh temple / house of god	gûrûdwâraa
Sitz / Thron (m)	âsânn (Religion)	आसन (m)	seat / throne (religion)	âsân

Deutsch		Devanagari	English	
Sonnengott (m)	sūrjâdēv	सूर्यदेव (m)	sun god	sūryâdēv
Starker Mann (Epos Mahabharata)	bhiem	भीम (m)	strong man in the epic Mahabharata	bhiim
tapfer (Adj.)	bâhhâdūr	वहादुर (m) (adj)	brave / courageous	bâhâdūr
Torturm der südindischen Tempel (m)	gōpûrâm	गोपुरम् (m)	Tower of the temples of South Indian	gōpûrâm
Todesgott der Hindus (m)	jâmm	यम (m)	god of death	yâm
Totale-Hingabe / Gottesliebe	bhâkktî	भक्ति (m)	total devotion to god	bhâktî
Trauertag der Moslems (m)	mōhârrâmm	मोहरम (m)	in rememberance of Ali's sons	mōhârâm
Trunk der Unsterblichkeit (n)	âmmrît	अमृत (m)	drink of immortality / ambrosia	âmrit
Universelle-Kraft / Gott	bhrâm	भ्रम (m)	universal power / god	bhrâm
Universelle Seele (f)	âtmânn	आत्मन् (m)	universal soul	âtmân
uralte hinduistische religiöse Texte	wēd	वेद (m)	ancient religious texts of the Hindus	vēd

Deutsch	Lautumschrift		Hindi	English	Transliteration
Ur-Lingas von Gott	dschjōthîrr-lìnngaa		ज्योतिर्लिंग (m)	holy places with original	jyōthîrlînngaa
Schiwa				Shiva Lingas	
wandernder Asket (n)	sânnjäsie		संन्यासी (m)	wandering ascetic	sânyāsī
Weltseele (f)	bhrâmâñ		भ्रमण (m)	universal soul	bhrâmâñ

Power Women
शक्ति

Recht - Politik - Verwaltung
Legal - Political - Administrative Terms

न्याय - राज्य
और
प्रशासन संबंधी शब्दावली

Deutsch	Lautumschrift	Hindi	English	Transliteration
ablehnen (vt.) oder	âswiekâr kârrnaa	अस्वीकार करना or	to refuse or	âsveekâr kârnaa
ablehnen (vt.)	înnkâr kârrnaa	इनकार करना	to refuse	înkâr kârnaa
Abteilung (f)	wîbhâg	विभाग (m)	department	vibhaag
Abteilungsleiter (m)	wîbhâg kaa sânntchâlakk	विभाग का संचालक(m)	head of the department (m)	wibhâg kaa sânchâlâk
Abteilungsleiterin (f)	wîbhâg kaa sânntchâlîkkaa	विभाग की संचालिका(f)	head of the department (f)	wibhâg kaa sânchâlîkaa
Agrarministerium (n)	krîschî mânntrâlâjâ	कृषि मंत्रालय (m)	Ministry of Agriculture	krischî mântrâlâyâ
amtierend (adv.)	kârjâwâhâkk	कार्यवाहक (adv)	acting / officiating	kâryâwâhâkk
Amtlicher Buchalter	lēkhā âdhikârie	लेखा अधिकारी(m)	Accounts Officer	lêkhâ âdhikârii
Amtsgericht (jur) (n)	prādēschâkk njâjâlâjâ	प्रादेशिक न्यायालय (m)	local court	prâdêshâk nyâyâlâyâ
Anklage (jur) (f) oder	ârōp / dōsch	आरोप(m) दोष (m) or	accusation or	ârôp / dôsh
Anklage (jur) (f)	îlldschâm	इलजाम (m)	accusation	îljaam

jmdn. anklagen oder kísie pàrr ãróp lãggãnaa	किसीपर आरोप लगाना or	to accuse someone or	kisii pàr arõp lãgãnaa
jmdn. anklagen kísie pàrr ìlldschãm lãggãnaa	किसीपर इलज़ाम लगाना	to accuse someone	kisii pàr iljãm lãgãnaa
Anklageschrift (f) dánnd sũtchnaa pàttrã	दण्ड सूचना पत्र (m)	indictment letter	dánd sũchnaa pàtrã
Anwalt (f) wãkiel	वकील (m)	lawyer	vâkeel
Arbeit (f) kaam / nâukrie	काम (m) / नौकरी (f)	work / job	kaam / nâukree
arbe iten (v) oder kaam kârrnã	काम करना / or	to work or	kaam kârnaa
arbe iten nâukrii kârrnã	नौकरी करना	to go about a job	nâukrii kârnaa
Arbeitsamt (n) rõzgaar kârjãlãjã	रोजगार कार्यालय (m)	employment exchange	rõsgaar kãryãlãyã
arbeitslos bērõsgaar	बेरोज़गार	unemployed	bērõsgaar
Arbeitslosigkeit (f) bērõsgaarie	बेरोज़गारी (f)	unemployment	bērõsgaarie
Arbeitsplatz (m) nâukrii kie dschâgâhã	नौकरी की जगह (f)	place of work	nâukrii kee jâgâhã
Arbeitsstelle (f) kaam kârrnẽ kaa sthãn	काम करने का स्थान (m)	job - place	kaam kârrnẽ kaa sthãn
Arbeitsuchende (m) kaam dũnddnẽ wãlaa	काम ढूँढनेवाला (m)	job seeker (male)	kaam dũnddnẽ wãlaa
Arbeitssuchende (f) kaam dũnddnẽ wãlie	काम ढूँढनेवाली (f)	job seeker (female)	kaam dũnddnẽ wãlii
argumentieren oder prâmãnit kârrnaa	प्रमाणित करना	to argue/ to reason	prâmãnãt kârrnaa
argumentieren bâhâß kârrnaa	वहस करना	to argue/ to reason	bâhâß kârrnaa
Asyl (n) oder schârrãñ / ãschrãjã	शरण (f) / आश्रय (m) or	asylum or	shârãñ / ãshrãyã
Asyl (n) sijãsie pãnnãhã	सियासी पनाह (f)	asylum	sîyãsii pãnãhã

Deutsch	Lautumschrift	Hindi	English	Transliteration
(einen) Asyl-Antrag stellen oder	scharrâñ lenaa	शरण लेना or	to seek asylum or	shârâñ lēnaa
(einen) Asyl-Antrag stellen	sijâsîpânnâ lēnaa	सियासीपनाह लेना	to seek asylum	siyâsîpânnâhâ lēnaa
ausfüllen (vt.)	bhârrnaa	भरना	to fill up (form etc.)	bhârrnaa
ausländisch / fremd	widēscha / pârrdēs	विदेश / परदेश	foreign/alien	vîdēsha / pârdēs
Ausländerin	widēschie / pârrdēschie	विदेशी (m) / परदेशी (m)	foreigner (m + f)	vîdēshii / pârdēshii
Aussenministerium (n)	pâr'râschtrâjâ mânntrâlâjâ	परराष्ट्र मंत्रालय (m)	Ministry of External Affairs	pâr'râshtrâyâ mântrâlâyâ
Bahnministerium (n)	rēlwē mânntrâlâjâ	रेलवे मंत्रालय (m)	Ministry of Railways	rēlwē mântrâlâyâ
beraten (vt)	sâllâhâ dēnaa	सलाह देना	to give advise	sâllâhâ dēnaa
Berater (m)	sâllâhâkaar	सलाहकार (m)	advisor	sâllâhâkaar
Beratungsausschuß (m)	sâllâhâkaar sâmîti	सलाहकार समिति (m)	Advisory Committee	sâllâhâkaar sâmîti
Beratungsstelle (f)	sâllâhâkaar mândâll	सलाहकार मंडल (m)	Advisory Board	sâllâhâkaar mândâll
Bescheinigung (f)	prâmmâñâ pâttrâ	प्रमाण पत्र (m)	certificate	prâmâñ pâtrâ
Beschwerde (f)	schikkâjât	शिकायत (f)	complaint	shikâjât
Beschwerdeführer (m)	âpiel kârrtaa	अपील कर्ता (m)	appellant	âpeel kârrtaa
(sich) beschweren	schikkâjât kârrnaa	शिकायत करना	to make a complaint	shikâjât kârrnaa
Bildungsminister/in	schikkschaa mânntrie	शिक्षा मंत्री (m+f)	Minister for Education	shîkshaa mânntrii
Botschaft (f)	rādsch'dootâwaas	राजदूतावास (m)	embassy	râjdootâvaas
Botschafter/in (m + f)	rādschdoot	राजदूत (m + f)	Ambassador (m + f)	râjdoot

166 Recht - Politik - Verwaltung * न्याय - राज्य और प्रशासन संबंधी शब्दावली *Legal - Political & Administrative Terms

Buchhalter (m) oder	lēkhākaar	लेखाकार (m) or	accountant or	lēkhākaar
Buchhalter (m)	lēkhpāl	लेखपाल (m)	accountant	lēkhpāl
(Chef) Buchhalter (m) oder	mâhaa lēkhākaar	महा लेखाकार (m) or	Accountant - General or	mâhaa lēkhākaar
(Chef) Buchhalter (m)	mâhaa lēkhpāl	महा लेखपाल (m)	Accountant - General	mâhaa lēkhpāl
Buchhaltung (f) oder	mûniemie	मुनीमि (m) or	accountancy or	mûniimee
Buchhaltung (f)	bâhie khātaa	वही खाता(m)	accountancy	bâhie khātaa
Bußgeld (n)	dânnd	दण्ड (m)	fine	dândd
Demokratie (f)	lōktântrâ	लोकतन्त्र (m)	democracy	lōktântrâ
Demonstration (f) oder	prâdârrschân	प्रदर्शन (m) or	demonstration or	prâdârshân
Demonstration (f)	dschâlûs	जलूस (m)	demonstration	jâloos
demonstrieren oder	prâdârrschân kârrnaa	प्रदर्शन करना or	to demonstrate or	prâdârshân
demonstrieren	dschâlûs nikkâlnaa	जलूस निकालना	to demonstrate	jâloos nikâlnaa
An einer Demonstration teilnehmen oder	prâdârrschân mē bhâg lēnaa	प्रदर्शन में भाग लेना or	to participate in a demonstration or	prâdârshân mē bhaag lēnaa
An einer Demonstration teilnehmen	dschâlûs mē hiẞâ lēnaa	जलूस में हिस्सा लेना	to participate in a demonstration	jâloos mē hisaa lēnaa
Diplomat (m)	rādschnâyâkk	राजनायक (m)	diplomat	rāj'nâyâk
Diplomatin	rādsch'nâyikkaa	राजनायिका (f)	diplomat (female)	rāj'nâyikaa

Deutsch	Lautumschrift	Hindi	English	Transliteration
Direktor (m)	nidēschâkk	निदेशक (m)	director (male)	nidēshâk
Direktorin (f)	nidēschîkkaa	निदेशिका (f)	director (female)	nidēshîkaa
dringend (adj.)	âwâschjàkk	अति आवश्यक (adj.)	urgent	âti-âvâshyâk
Dorf (n)	gâãw	गाँव (m)	village	gããv
Dorfrat (n)	pânntchâjât	पंचायत(f)	village council	pânchâyât
Einkommen (n)	āj / āmdânie	आय (f) / आमदनी (f)	income	āy / āmdânee
Einkommensteuer (m)	āj-kârr	आय-कर (m)	income tax	āykâr
Einwanderung (f)	âwâßânn	आवासन(m)	immigration	âwâsân
erklären (vt.)	sâmmdschânaa	समझाना	to explain	sâmjhânaa
Erklärung (f)	spâschttiekârrâñ	स्पष्टीकरण (m)	explanation	spâshttiikârrâñ
Entführung (f)	âppâhârrâñ	अपहरण (m)	abduction	âpâhârâñ
Fall (m)	mâmlaa	मामला (m)	case / matter	mâmlaa
Falschheit (f)	dschûtthâpânn	झूठापन (m)	falseness	jhûtthâpânn
fälschen (vt.)	dschâlie bânnânaa	जाली बनाना	to fake / to forge	jâlie bânânaa
Fälschung (f)	dschâlsâzie	जालसाजी (f)	fake/ forgery	jâlsâzie
Feiertag (m)	tchûttie kaa dînn	छुट्टी का दिन(m)	holiday	chûttie kaa dînn
Ferien (n) oder	tchûttie /	छुट्टी (f) or	holidays / vacation or	chûttie

Ferien (n)	dhierghâ âwkäsch	दीर्घ अवकाश (m)	holidays / vacation	dheerghâ âvkâsh
Fernsehen (n)	dûrdârrschânn	दूरदर्शन (m)	television	dûrdârshânn
Fernsprecher (m) oder	dûrbhaasch	दूरभाष (m) / or	telephone or	dûrbhaash or
Fernsprecher	tēllifōn	टेलिफोन (m)	telephone	tēlifōn
Festtag / Festival	tjōhaar	त्यौहार (m)	festival	tyōhaar
Finanzministerium (n)	witt mânntrālâjâ	वित्त मंत्रालय (m)	Ministry of Finance	vitt mântrālâyâ
Föderation (n) oder	sânnghâ	संघ (m)	federation or	sânghyâ
Föderation (Staatenbund) (n)	sânnghrādschjâ	संघराज्य (m)	federation of states	sânghrājyâ
Freiheit (f)	swâtânntrâtaa	स्वतन्त्रता (f)	freedom	swântrâtaa
Freiheitsstrafe (f) oder	kārāwâs /	कारावास (m) /	imprisonment	kārāwaas
Freiheitsstrafe (f)	dscheillie sâzā	जेली सज़ा (f)	imprisonment	jailee sâzaa
Führer (m)	nētaa	नेता (m)	leader	nētaa
Gebühr (f)	schûllk / fies	शुल्क (m) / फीस (f)	charge / fee	shûlk / fees
Geburt (f) oder	dschânnmâ /	जन्म (m) / or	birth or	jânmâ /
Geburt (f)	peidaîsch	पैदाइश (f)	birth	paidāīsh
Geburtsdatum (n) oder	dschânnmâ tîthî	जन्म तिथि (f) or	date of birth or	jânmâ tithî
Geburtsdatum (n)	peidaîsch kie tariekh	पैदाइश की तारीख (f)	date of birth	paidāīsh kee tāreek

Deutsch	Lautumschrift	Hindi	English	Transliteration
Geburtsjahr (n)	dschânnmâ wârrsch	जन्म वर्ष (m)	date of birth or	jânmâ wârrsch
Geburtsjahr	dschânnmâ saal	जन्म साल	date of birth	jânmâ saal
Geburtsort (m) oder	dschânnmâ sthaan	जन्म स्थान (m) or	place of birth or	jânmâ sthaan
Geburtsort (m)	peidaïsch kie dschâgâhâ	पैदाइश की जगह (f)	place of birth	paidâïsh kee jâgâhâ
Geburtstag (m) oder	dschânnmâ dînn	जन्मदिन (m) / जन्मदिवस (m) or	day of birth or	jânmâ dîn
Geburtstag (m)	saal grîhaa	साल गिरह	birthday	sâl grîhaa
Geburtsurkunde (f) oder	dschânnmâ prâmâñâkk	जन्म प्रमाणक (m) or	birth certificate or	jânmâ prâmâñâk
Geburtsurkunde (f) oder	dschânnmâ kâ prâmâñ-pâtrâ	जन्म का प्रमाणपत्र (m)	birth certificate or	jânmâ kaa prâmâñ-pâtrâ
Geburtsurkunde (f)	peidaïsch kaa sârrtifîkkêt	पैदाइश का सर्टिफिकेट (m)	birth certificate or	paidâïsh kaa sârtifîkêt
Gefängnis (n) oder	kârâgrâhâ / bânndgrâhâ	कारागृह (f) / बंदगृह (f) or	prison / jail or	kârâgrâhâ/bânndgrâhâ
Gefängnis (n)	keid / dscheil	कैद / जेल (f)	prison / jail or	kaid / jail
gegen	kê wîrrûdh / kê khillaaf	के विरुद्ध / के ख़िलाफ़	against	kê vîrûdh / kê khilâf
Geldstrafe / Geldbuße (f) ḍâññd / dschûrrmânâ		दण्ड (m) / जुर्माना (m)	penalty	dând / jûrmânâ
Gemeinderat (m)	nâggâr niggâmm	नगर निगम (m)	municipal council	nâgâr nigâm
genehmigen (vt.) oder	ânnûmâtî dênaa	अनुमति देना or	to permit / to allow or	ânûmâtî dênaa
genehmigen (vt.) oder	îddschâzât dênaa	इजाज़त देना or	to permit / or	îjâzât dênaa
genehmigen	mânnzûrie dênaa	मंज़ूरी देना	to allow	mânsûrii dênaa

Genehmigung (f)	ânnûmâti / îdschâzât	अनुमति / इजाज़त (f)	permission	ânûmâti / ijâzât
Gerechtigkeit (f) oder	njâjâ	न्याय (m) or	justice or	nyâyâ
Gerechtigkeit (f)	înnsâf	इनसाफ़	justice	însâf
Gericht (jur) (n) oder	njâjâlâjâ	न्यायालय (m) or	court of justice or	nyâyâlâyâ
Gericht (jur) (n)	âdâlât	अदालत(f)	court of justice	âdâlât
Gesetz (n) oder	widhie / nijâmm /	विधि / नियम्/ न्याय (m) or	law or	widhee / niyâm /
Gesetz (n)	njâjâ / kânûn	कानून (m)	law	nyâyâ / kânoon
Ministerium für	swâsthjâ mânntrâlâjâ	स्वास्थ्य मंत्रालय (m)	Ministry of Health	swâsthyâ mântrâlâyâ
Gewaltlosigkeit (f)	âhîmmsaa	अहिंसा(f)	non-violence	âhimsaa
Gouverneur (m)	râdschjâpâl	राज्यपाल (m)	governor	râjyâpâl
Grundstück (n)	zâmmien	ज़मिन(f)	land	zâmeen
Handelskammer (f)	wâñîdschjâ mânndâll	वाणिज्य मंडल(m)	chamber of commerce	wâñîjyâ mândâl
Hauptforderung (f)	mûkhjâ dâwaa	मुख्य दावा(m)	chief claim	mûkhyâ dâwaa
Hauptsekretär/in	mûkhjâ sâttchiww	मुख्य सचिव(m)	Chief Secretary	mûkhyâ sâchiww
heiraten (vt.) oder	wiwâhâ kârrnaa	विवाह करना or	to get married or	vivâhâ kârnaa
heiraten (vt.) oder	bjâhâ kârrnaa	ब्याह करना	to get married	byâhâ kârnaa
Hochzeit (f) oder	wiwâhâ / schâdie	विवाह (m) / शादी (f) or	marriage or	vivâhâ / shâdie
Hochzeit (f)	bjâhâ	ब्याह (m)	marriage	byâhâ

Deutsch	Lautumschrift	Hindi	English	Transliteration
Information (f)	sūtchnaa / dschankãrie	सूचना (f) जानकारी (f)	information	sūchnaa / jānkãrii
Innenministerium (n)	grîhâ mânntrãlâjâ	गृह मंत्रालय (m)	Ministry of Home Affairs	grîhâ mântrãlâyâ
International (adj.)	ânntârr'rãschtriejâ	अन्तराष्ट्रीय(adj.)	international	ântâr'râshtreejâ
Justiz (f)	njâjâ	न्याय (m)	justice	nyâyâ
Kabinett (pol) (n)	mânntrî mânndâll	मंत्रि मंडल (m)	cabinet (pol)	mântrî mândâll
korrupt (adj.)	bhrâschtt	भ्रष्ट (adj.)	corrupt	bhrâshtt
Korruption (f)	bhrâschhttã'tchãr	भ्रष्टाचार (m)	corruption	bhrâshhttã'chãr
Kronanwalt (m)	mâhaa njâãjâwãdie	महा न्यायवादी (m)	Attorney-General	mâhaa nyâyâvãdii
Land (n) od. Staat (m)	dêsch / mûllk / rãdschjâ	देश / मुक / राज्य (m)	country or state	dêsh / mûllk / rãjyâ
Menschenrechte	mânâwwrâdhikaar	मानव अधिकार (m)	human rights	mânâwwrâdhikaar
Minderheit (f)	âlpsânnkhjaa	अल्पसंख्या (f)	minority	âlpsânnkhyaa
Minister/in (m+f)	mânntrie	मंत्री (m+f)	minister	mântrii
Stv.Minister (m)	ûppâ mânntrie	उपमंत्री (m+f)	(Deputy) Minister	ûppâ mântrii
Ministerium (n)	mânntrãlâjâ	मंत्रालय (m)	ministry	mântrãlâyâ
Ministerium für	schrâmm mânntrãlâjâ	श्रम मंत्रालय	Ministry for Work	shrâmm mântrãlâyâ
Arbeit und Beschäftigung	schrâmâ wâ rõdschâggãr	श्रम व रोजगार (m)	Work and Employment	shrâm vâ rõjâgãr
Ministerpräsident/in (m+f)	mûkhjâ mânntrie	मुख्य मंत्री (m+f)	Chief Minister	mûkhyâ mântrii

nachweisen oder	prämmañit kârrnaa	प्रमाणित करना or	to prove / to establish or	prâmâñit karnaa
nachweisen	sâbit kârrnaa	साबित करना	to prove / to establish	sâbit kârnaa
nutzen / nützen	kaam mē lânaa	काम में लाना	to be of use / to be useful	kaam mē lânaa
nützlich	ûppjögie / lâbhdâjàkk	उपयोगी / लाभदायक	useful	ûpyögii / lâbhâdâyàk
nutzlos oder	bēkaar /	बेकार / or	useless or	bēkaar /
nutzlos	bēfeidaa	बेफायदा	useless	bēfaidaa
Lohn (m), Gehalt (n)	mâzdûrie / tânnkhâhâ	मज़दूरी (f) / तनख़्वाह (f)	wage/ salary	mâzdûrii / tânkhwâhâ
Oberrichter (m)	mûkhjâ njâjâdhiesch	मुख्य न्यायाधीश(m)	Chief Justice (male)	mûkhyâ nyâyâdhiiish
Oberrichterin (f)	mûkhjâ njâjâdhieschikaa	मुख्य न्यायाधीशिका (f)	Chief Justice (female)	mûkhyâ nyâyâdhiishikâ
örtlich	sthâniejâ	स्थानीय	local	sthâniiyâ
Parlament (n) oder	sânnsâd	संसद (f)	parliament	sânsâd
Parlament (n)	pârlāmēnt	पार्लिमेंट	parliament	pârlāmēnt
Personalausweis (m)	pârritchei pâtrâ	परिचय पत्र (m)	identity card	pârichai pâtrâ
Politik (f)	rādschnieti	राजनीति (f)	politics	râjniiti
Politiker (m+f)	rādschnētaa	राजनेता (m+f)	politician (m+f)	râjnētaa
Polizei (f)	pûlißß	पुलिस (f)	police	pûlîs
Polizeirevier (m)	pûlißß thânaa	पुलिस थाना (m)	police station	pûlîs thânaa
Polizeidienstelle	pûlißß stēschân	पुलिस स्टेशन	police station	pûlîs stēshân

Deutsch	Lautumschrift	Hindi	English	Transliteration
Polizist (m)	sîppâhie / pûlißwâlaa	सिपाही (m) / पुलिसवाला (m)	policeman	sipâhii / pûlîswâlaa
Polizistin (f)	pûlißwâlie	पुलिसवाली (m)	policewoman	pûlîswâlii
Präsident/in (m+f)	râschtrâpâti	राष्ट्रपति (m+f)	president	râshtrâpâti
Premierminister/in (m+f)	prâdhân mânntrie	प्रधान मंत्री (m+f)	Prime Minister (m+f)	prâdhân mântrii
Rat (m)	sâllâhâ	सलाह (f)	advice	sâlâhâ
Rechnungsprüfer (m)	lêkhâ pârriekschâkk	लेखा परीक्षक(m)	auditor	lêkhâ pâriikshâk
Rede (f)	bhâschâññ	भाषण (m)	speech	bhâshâñ
Regierung (f) oder	schâsânn	शासन (m) or	government or	shâsân
Regierung (f)	sârrkaar	सरकार (f)	government	sârkâr
Reise (f)	jâtraa / sâffârr	यात्रा (f) / सफर (m)	journey / voyage	yâtraa / sâffâr
reisen (v) oder	jâtraa kârrnaa /	यात्रा करना / or	to travel or	yâtrâ kârnaa /
reisen (v)	sâffâr kârrnaa	सफर करना	to travel	sâffâr kârnaa
Reisende /er	jâtrii / mußâfirr	यात्री (m+f) / मुसाफ़िर (m)	traveller	yâtrii / mußâfir
Richter (m)	njâjâdhiesch	न्यायाधीश (m)	judge	nyâyâdheesh
Richterin (f)	njâjâdhieschikkaa	न्यायाधीशिका (f)	(lady) judge	nyâyâdhiishikaa
Schlichter (m) (jur)	wîwâtchâkk	विवाचक (m)	arbitrator	wîwâchâk

schützen (vt.)	rākschā kárrnaa	रक्षा करना	to protect	rākshā kârnaa
Sekretariat (n)	sāttchiwālājā	सचिवालय (m)	secretariat	sáchivālājā
Sekulärstaat (m)	dhârrmâ'nirrpêksch désch	धर्मनिरपेक्ष देश (m)	secular state	dhârmâ'nirpêksh dêsh
sich töten	âtmâ hâtjā kárrnaa	आत्महत्या करना	to kill oneself	âtmâ hâtyā kârrnaa
Sicherheit (f)	sûrâkkschaa	सुरक्षा (m)	security / safety	sûrákshaa
Sprache (f)	bhāschaa	भाषा (f) or	language or	bhāshaa
Sprache	zūbaan	जुवान (f)	language	zūbaan
Staatsangehörige/r	nāgârrikk	नागरिक (m+f)	citizen	nāgârik
Staatsangehörigkeit (f)	nāgârrikktaa	नागरिकता (m)	citizenship	nāgâriktaa
Staatsanwalt (m)	sârrkârie wâkiel	सरकारी वकील (m)	Public Prosecutor	sárkārii wâkeel
Staatsanwaltin (f)	sârrkârie wâkiel	सरकारी वकील (f)	Public Prosecutor	sárkārii wâkeel
Staatsminister/in (m+f)	rādschjā mânntrie	राज्य मंत्री (m+f)	Minister of State (m+f)	rājyá mântrii
Staatspräsident/in (m+f)	rāschtrâpáti	राष्ट्रपति (m+f)	President	rāshtrâpáti
Stadt (f)	nâggârr / schâhâr	नगर (m) / शहर (m)	city	nâgâr / shâhâr
Stadverwaltung (m)	nâggârrpālikaa	नगरपालिका (f)	municipality	nâgârpālikaa
Stadtrat (m)	nâggârrpāl	नगरपाल (m)	Municipal Commissioner	nâggârpāl
Stellvertreter/in	sâhâjjàkk	सहायक (m+f)	assistant / deputy	sâhâyyak
Stv. Staatspräsident/in	ûppräschtrâpáti	उपराष्ट्रपति (m+f)	Vice-President (m+f)	ûpprâshtrâpáti

Deutsch	Lautumschrift	Hindi	English	Transliteration
straflos	dáññd kē bînnaa	दण्ड के बिना	unpunished	dáññd kē bînnaa
strafbar	dáññdâniejâ	दण्डनीय	punishable	dáññdâneeyâ
Strafe (f)	dáññd /	दण्ड (m)/ or	punishment or	dáññd /
Strafe (f)	sâzaa	सजा (f)	punishment	sâzaa
Strafgesetz (n)	dáññdwîdhân	दण्डविधान (m)	criminal law	dáññdvîdhân
Tod (Todesfall) (m) oder	mrîtjû	मृतु (f) / or	death or	mrîtjû
Tod	mâut	मौत (f)	death	mâut
Todesanzeige (f)	mrîtâkk - pârrîtchei	मृतक-परिचय (m)	notice of death	mrîtâk- pârîchai
Todesstrafe (f)	mâut kie sâzaa	मौत की सजा (f)	death penalty	mâut kie sâzaa
töten (vt.) oder	maar dâlnaa	मार डालना or	to kill or	maar dâlnaa
töten (vt.)	dschân lē lēnaa	जान ले लेना	to kill	jân lē lēnaa
Jmd töten	kîßie kie dschân lēnaa	किसी को जान लेना	to kill someone	kîsee kee jân lēnaa
Tourist /in (m+f)	pârrjâtâkk / tûrîßt	पर्यटक (m+f) / टूरिस्ट	tourist	pâryâtâk / tûrîst
Touristenbüro (n)	pârrjâttânn dâfftârr	पर्यटन दफ्तर (m)	tourist office	pâryâttân dâftâr
überprüfen	dschâñtchnaa	जाँचना (vt.)	verification	jâñchnaa
Überprüfung (f)	dschâñtch	जाँच (f)	verify	jâñch
übersetzen (vt.)	ânnûwaad kárrnaa	अनुवाद करना	to translate	ânûvâd kárnaa

Übersetzung (f)	ânnûwaad	translation	अनुवाद (m)	ânûvād
unpassend/ ungelegen	a'sâmâjikk	untimely	असामयिक	a'sâmâyâk
Unrecht (n)	ânnjâjâ	injustice	अन्याय (m)	ânyâyâ
unrichtig (falsch) (adj.)	gâllât	incorrect / false	गलत (adj.)	gâlât
unsicher (adj.)	â'sûrrâkschitt	unsafe	असुरक्षित (adj)	â'sûrâkshitt
Unterschrift (f) oder	hâßtâkschârr	signature or	हस्ताक्षर (m) or	hâstâkshâr
Unterschrift (f)	daßtâkhât	signature or	दस्तखत (m)	dâstâkhât
(jmdm) vertrauen (vt.)	bhârrôsaa kârrnaa	have trust or faith	भरोसा करना	bhârôsaa kárrnaa
(jmdm) vertrauen (vt.)	wîschwaaß kârrnaa	have trust or faith	विश्वास करना	vîshwâs kârrnaa
unwahr	dschût	untrue	झूठ	jhūt
Unwahrheit (f)	â'sâtjâ	untruth	असत्य	â-sâtyâ
Urteil (Gericht) (n) oder	nîrrñei	judgment (court)	निर्णय (m)	nirñai
Vergebung (f)	kschâmaa / maafie	pardon/ forgiveness	क्षमा / माफी (f)	ksâmaa / maafie
(Jemanden) um Vergebung bitten oder	kissiesê kschâmmâ mâñgnaa	to ask for pardon or	किसी से क्षमा मांगना	kisiisê kshamâ mañgnaa
(Jemanden) um Vergebung bitten	kissiesê mâfi mâñgnâ	to ask for pardon	किसी से माफी मांगना	kisiisê mâfee mañgnā

Deutsch	Lautumschrift	Hindi	English	Transliteration
Verbot (n)	pâbânndie / nîschêdh	पाबंदी (f) / निषेध (m)	ban / prohibition	pâbândii / nîshêdh
Verbrechen (n)	âpprâdh / dschúrrm	अपराध / जुर्म (m)	crime	âprâdh / jûrm
Vekehrsministerium (n)	pârîwâhânn mânntrâlâjâ	परिवहन मंत्रालय(m)	Transport Ministry	pârîvâhân mântrâlâyâ
verstehen (v.t.)	sâmmâdschnaa	समझना	to understand	sâmâjhnaa
Verteidigung (f)	prâtîrâkkschaa	प्रतिक्षा	defence	prâtîkshaa
Verteidigungs-Ministerium (n)	sûrrâkschaa mânntrâlâjâ	सुरक्षा मंत्रालय(m)	Ministry of Defence	sûrâkshaa mântrâlâyâ
(jmdm) vertrauen (vt.) oder	wischwaaß rákhnaa	विश्वास रखना or	have trust or faith or	vîshwaas râkhnaa
Vertrauen (n)	wischwaaß / bhârrôsaa	विश्वास (m) / भरोसा (m)	trust / faith	vîshwâs / bhârôsaa
Verwalter/in (m+f)	prâbânndhâkk	प्रबंधक	Administrator (m + f)	prâbândhâk
Verwaltung (f)	prâbânndh	प्रबंध	administration	prâbândh
Verwaltungsabschnitt(m)	prâschâsânn - prâbhâg	प्रशासक प्रभाग (m)	Administration Division	prâshâsân-prâbhâg
verzögern oder	willâmb kârrnaa	विलम्ब करना or	to delay or	vilâmb kârnaa
verzögern	dêr kârrnaa	देर करना	to delay	dêr kârnaa
Verzögerung (f)	dêr / willâmmb	देर (f) / विलम्ब (m)	delay	dêr / vilâmb
(Stv.) Vorsitzender (m)	ûppâ'sâbhâpâtî	उपसभापति (m)	Deputy Chairman	ûpâ'sâbhâpâti
wählen oder	nîrrwâtchânn kârrnaa	निर्वाचन करना or	to cast a vote or	nîrvâchân kârnaa

178 Recht - Politik - Verwaltung ★ न्याय - राज्य और प्रशासन सबंधी शब्दावली ★ Legal - Political & Administrative Terms

German	Transliteration	Devanagari	English	Transliteration
wählen	tchûn'ânaa	चुनना	to cast a vote	chûnâ'naa
Wähler (m)	nîrrwâtchâkk	निर्वाचक(m)	voter	nîrvâchâkk
Wählerin (f)	nîrrwâtchikaa	निर्वाचिका (f) / मतदाता (m+f)	voter (female)	nîrvâchikaa mâtdâtaa
Wählerliste (f)	nîrrwâtchâkk sûtchie	निर्वाचक सूची (f)	voter' list	nîrvâchâkk sûchii
Wahl (f)	nîrrwâtchânn / tchûnaaw	निर्वाचन (m) / चुनाव (f)	election	nîrvâchân /chûnaaw
Wahlausschuss (m)	tchûnaaw äjõg	चुनाव आयोग (m)	Election Commission	chûnaaw âyõg
wahr / tatsächlich	sâttchaa / wâstâwikk	सच्चा / वास्तविक	true / really	sâchaa / wâstâwik
Wahrheit (f)	sâtjâ / sâtchâjie	सत्य (m) / सचाई (f)	truth	sâtyâ / sâcchâyii
Warteraum (m)	prâtiekschâlâjâ	प्रतीक्षालय (m)	waiting room	prâtiekshâlâyâ
Wert	kiemât / mûljâ	कीमत (f) / मूल्य (m)	value	keemât / mûlyâ
Wertvoll	kiemâtie / mûljâwâhn	कीमत (f) / मूल्यवान(m)	valuable	keemâtii / mûlyâvân
Westen (n)	pâs'tchimm	पश्चिम (m)	west	pâs'chîm
Wohlergehen (n) oder	kâlljâñ	कल्याण(m)	welfare	kâlyâñ
Wunsch (m)	ittchaa	इच्छा (f)	wish	îcchaa
Zentralregierung (f)	kêndriejâ sârrkâr	केंद्रीय सरकार (f)	central government	kêndreeyâ sârkâr
Zivilgericht (n) oder	diewânie njâjâlâjâ	दीवानी न्यायालय (m) or	civil court or	deewânii nyâyâlâyâ
Zivilgericht (n)	diewânie âdâlât	दीवानी अदालत (f)	civil court	deewânii âdâlât
(in der) Zukunft	bhâwîschjâ mê	भविष्य में	(in the) future	bhâwîshyâ mê

ADJEKTIVE
ADJECTIVES

विशेषण

Deutsch	Lautumschrift	Hindi	Transliteration	English
ärgerlich	krôdhie	क्रोधी	krôdhii	annoyed
alt (Gegenstände)	pûrânaa	पुराना	purânaa	old (inanimate objects)
alt (Alter)	bûdaa	बूढ़ा	bûddaa	old (age)
anfänglich	ârâmbhîkk	आरम्भिक	ârâmbhîk	initial
arm oder	nîrdhânn	निर्धन or	nîrdhân	poor or
arm	gârrieb	गरीब	gâreeb	poor
ausländisch	wîddēschie	विदेशी	vîdēshii	foreign
billig	sâßtâ	सस्ता	sâstâ	cheap
bitter	kâddwaa	कड़वा	kâddwaa	bitter
blau	nielaa	नीला	neelaa	blue
braun	bhûraa	भूरा	bhûraa	brown

demokratisch	lōkâtântrikk	लोकतांत्रिक	lōkā tāntrik	democratic
dick	mōtaa	मोटा	mōtaa	fat
disziplinarisch	ânnûschâsânn	अनुशासन	ânûshâsân	disciplinary
dreckig / schmutzig	gândaa / meilaa	गंदा / मैला	gândaa / meilaa	dirty / filthy
dumm oder	mûrrkh	मुर्ख or	mûrkh	stupid (person) or
dumm	bēwkûf	बेवकूफ़	bēwkoof	stupid (person)
dünn / dürr	dûbblaa / pâtlaa	दुबला / पतला	dûblaa pâtlaa	thin / skinny
durstig	pjâsaa	प्यासा	pyâsaa	thirsty
echt	âßâlie	असली	âsâlii	genuine
ehrlich oder	sâttchaa	सच्चा or	sâchchaa	honest or
ehrlich	iemândâr	ईमान्दार	eemândâr	honest
einfach (Person)	sādaa	सादा	sādaa	simple (person) or
einfach oder	āsaan	आसान or	āsaan	easy / simple or
einfach	sârrâll	सरल	sârâl	easy / simple
einflussreich	prâbhâwâschâlie	प्रभावशाली	prâbhâvâshālii	influential
energisch	dschōschielaa	जोशीला	jōsheelaa	energetic
etwas oder	kûttch oder	कुछ or	kûch	some or

Deutsch	Lautumschrift	Hindi	English	Transliteration
etwas	zâraa	जरा	some	zâraa
exemplarisch	ûdâhâráññârtâ	उदाहरणार्थ	exemplary	ûdâhârâñârtâ
faul	âlsie	आलसी	lazy	âlsee
feige	dârrpôk	डरपोक	coward	dârpôk
freudig	ûttsâhit	उत्साहित	joyful / zealous	ûttsâhit
friedlich	schânt	शांत	peaceful	shânt
frisch	tâzaa	ताज़ा	fresh	tâzaa
fröhlich	prâßânnâtaa	प्रसन्नता	cheerful	prâsânâtaa
gefährlich	khâttârnâk	खतरनाक	dangerous	khâtârnâk
geistlich	lippikk	लिपिक	clerical	lipîk
gelb	pielaa	पीला	yellow	piilaa
gerade	siedhaa	सीधा	straight	kîsaan
gesellschaftlich	sâmâdschikk	सामाजिक	social	sâmâjik
gesprächig	bâtûnie	बातूनी	talkative	bâtûnii
gesund	swâßth	स्वस्थ	healthy	swâsth
gierig	lâltchie	लालची	greedy	lâlchii
glücklich	sûkhie	सुखी	happy	sûkhii

großzügig	dānschiel	दानशील	generous	dānsheel
grün	hârraa	हरा	green	hâraa
gut / in Ordnung	âttchaa	अच्छा	good /ok	âchchaa
imaginär	kâlp ânnikk	काल्पनिक	imaginary	kâlpânik
intelligent	bûdhîmān	बुद्दिमान	intelligent	bûdhîmān
häßlich oder	kûrûp	कुरुप or	ugly or	kûrûp
häßlich	bâdsûrât	बदसूरत	ugly	bâdsûrât
hart / streng	sâkht	सख़्त	hard / strickt	sâkht
heiss	gârrâm	गरम	hot	gârâm
himmlisch	swârrgiejâ	स्वर्गीय	heavenly	svârgeeyâ
hoch	ûñtchaa	ऊँचा	high	ûñchaa
hungrig	bhûkhaa	भूखा	hungry	bhūkhaa
indisch	bhârâtiejâ	भारतीय	Indian	bhârâtiiyâ
jährlich	wârsch ikk	वार्षिक	yearly	vârsh îk
jede/r	hârr?k	हरएक	everyone	hâr çk
jung oder	dschâwân	जवान or	young or	jâwân
jung	jûwaa	युवा	young	yûvaa

Deutsch	Lautumschrift	Hindi	English	Transliteration
kaiserlich	sâmrādschjâ	सामराज्य	imperial	sāmrājyā
kalt	ttânndaa	टंडा	cold	ttânndaa
klein / kurz	tchōtaa	छोटा	small	chōtaa
klug **oder**	tchâtûrr	चतुर or	clever or	châtûr
klug	hōschjâr	होशियार	clever	hōshyâr
kräftig	bâlwaan	बलवान	strong/powerful	bâlwaan
kulturell	sânskrietîkk	सांस्कृतिक	cultural	sânskriitik
ländlich	grâmieñ	ग्रामीण	rural	grâmeeñ
lang	lâmmbaa	लम्बा	long / tall	lâmbaa
leicht	hâllkaa	हल्का	light	hâlkaa
liebenswert	pjâraa	प्यारा	loveable	pyâraa
männlich	pûrrûschie	पुरुषी	manly	pûrûshii
manche	ânn çk	अनेक	some / many	ânēk
menschlich	mânâsîkk	मानसिक	human	mânâsîk
monatlich	mâsikk	मासिक	monthly	mâsâîk
mündlich	maukhîkk	मौखिक	orally	maukhîk

mütterlich	mätrietwâ	मातृत्व	mâtriitvâ	motherly
nass / feucht	gielaa / bhiegaa	गीला / भीगा	giilaa / bhiigaa	wet / moist
national	râschtriejâ	राष्ट्रीय	râshtreejâ	national
neblig	dhûndhâlaa	धुंधला	dhûndhâlaa	foggy
neu	nâjaa	नया	nâyaa	new
örtlich	sthâniejâ	स्थानीय	sthâneeyâ	local
östlich	pûrwâ	पूर्व	pûrvâ	eastern
pflichtbewußt	kârtâwjâ	कर्तव्य	kârtâvyâ	dutiful
physisch	schârierikk	शारीरिक	shâreerik	physical
rednerisch	wâkktrietwâ	वक्तृत्व	vâktritvâ	oratorical
regnerisch	bârrsâtie	वरसाती	bârsâtii	rainy
reich oder	dhânnie	धनी or	dhânee	rich or
reich	âmmier	अमीर	âmeer	rich
redaktionell	sâmmpâdâkiejâ	संपादकीय	sâmpâdâkiiyâ	editorial
reif	pâkaa	पक्का	pûccaa	ripe
religiös	dhârmikk	धार्मिक	dhârmik	religious
roh / unreif	kâttchaa	कच्चा	kâchchaa	raw / unripe

Deutsch	Lautumschrift	Hindi	English	Transliteration
rot	lâl	लाल	red	lâl
sauber oder	sâf	साफ़ or	clean / neat or	sâf
sauber	swâtchh	स्वच्छ	clean / near	swâchch
salzig	nâmmkien	नमकीन	salty	nâmkeen
sauer	khâttaa	खट्टा	sour	khâttaa
schlammig	kietchâdd	कीचड़	slimy / muddy	kietchâdd
schlecht	bûrraa / khârrâb	बुरा / ख़राब	bad	bûraa / khârâb
schnell oder	tiewrâ / fûrrtielaa	तीव्र / फुर्तीला or	quick or	teevrâ / fûrtiilaa
schnell	dschâlldie	जल्दी	quick	jâlldii
schön oder	sûnndârr	सुन्दर or	beautiful or	sûndâr
schön	khûbsûrât	ख़ूबसूरत	beautiful	khûbsûr ât
schwach	kâmmzõr / dûrrbâll	कमज़ोर / दुर्बल	weak / feeble	kâmzõr / dûrbâl
schwarz	kâlaa	काला	black	kâlaa
schwierig oder	kâttînn	कठिन or	difficult or	kâttîn
schwierig	mûschkill	मुश्किल	difficult	mûshkil
städtisch	nâgârrîkk	नागरिक	urban	nâgârik

German		Devanagari	English	
stark	**mâzbūt / prâball**	मजबूत / प्रबल	strong / tough	**mâzbūt / prâbâl**
stolz oder	**ghâmmâññdd**	घमण्ड or	proud or	**ghâmâñdd**
stolz	**âbhiemânie**	अभिमानी	proud	**âbhiimānii**
stürmisch	**tūfānie**	तूफानी	stormy	**tūfānii**
süß	**miettaa**	मीठ	sweet	**meettaa**
täglich	**deinikk**	दैनिक	daily	**dainîk**
tapfer	**bâhādûr**	बहादुर	courageous	**bâhādûr**
teuer	**mêhêñ̃gaa**	महंगा	expensive	**mêhêñ̃gaa**
tief	**gêhâraa**	गहरा	deep	**gêhêraa**
traurig	**dûkhie**	दुखी	sad	**dûkhee**
trocken	**sūkhaa**	सूखा	dry	**sūkhaa**
üblich	**rîvaaz**	रिवाज	usual/customary	**rîvaaz**
unecht	**nâkklie**	नकली	false / artificial	**nâklii**
unehrlich oder	**dschhûtaa**	झूठा or	dishonest or	**jhūtaa**
unehrlich	**bē'iemaan**	बेईमान	dishonest	**bē'imaan**
ungesund	**âswâßth**	अस्वस्थ	unhealthy	**âswâsth**
unintelligent	**nîrrbûdhî**	निर्बुद्धि	unintelligent	**nîrbûdhî**

Deutsch	Lautumschrift	Hindi	English	Transliteration
unwichtig	mâhâtwâhien	महत्वहिन	unimportant	mâhâtvâheen
verfault	sâddaa	सड़ा	rotten / decayed	sâddaa
viel oder	âdhîkk / âtîjânnt	अधिक / अत्यंत or	much / many or	âdhîk / âtyânt
viel	bâhût / zjâdaa	बहुत / ज्यादा	much / many	âdhîk / zyâdaa
vorsichtig	sâwâdhân	सावधान	cautious	sâvâdhân
weich / sanft	nârrm	नर्म	soft	nârm
wenig oder	kâmm	कम or	little or	kâm
wenig	thôdaa	थोड़ा	little	thôdaa
wertvoll	kiemâtie	कीमती	valuable	keemâtii
wichtig oder	mâhâtwâpûrñâ	महत्वपूर्ण or	important or	mâhtvâpûrñâ
wichtig	zârrûrie	जरूरी	important	zârûrii
windig	hâwâjie	हवाइ	windy	hâvâyee

ADVERBIEN
ADVERBS

किया विशेषण

Deutsch	Lautumschrift	Hindi	English	Transliteration
absolut	bîllkûll	विल्कुल	absolutely	bîllcool
auf dieser Seite	îß târaff	इस तरफ	over here	îs târâf
auf jener Seite	ûß târaff	उस तरफ	over there	ûs târâf
bis jetzt	âbhie tâkk	अभी तक	till now	âbhii tâk
dann	tâbb	तब	then	tâb
dennoch	phîrr-bhie	फिर भी	still/nevertheless	phîr bhii
dieses Jahr oder	îß wârrsch	इस वर्ष or	this year or	îs vârsh
dieses Jahr	îß saal	इस साल	this year	îs saal
dort / dorthin oder	wâhãã	वहाँ or	there/over there or	wâhãã
dort / dorthin	ûdhârr	उधर	there/over there	ûdhâr
draussen	bâhârr	वाहर	outside	bahar

German	(phonetic)	English	Devanagari	English	(phonetic)
drinnen / innen oder	ânndârr	inside / within or	अन्दर or	inside / within or	ândâr
drinnen / innen	bhietârr	inside / within	भीतर	inside / within	bheetâr
ebenso	teisaa	like the same	तैसा	like the same	taisaa
friedlich	schântî (sē)	peacefully	शांति (से)	peacefully	shânti (sē)
genau oder	ttiek (sē)	properly / exactly or	ठीक (से) or	properly / exactly or	tteak (sē)
genau	bârrâbârr (sē)	properly / exactly	बरावर (से)	properly / exactly	bârâbâr (sē)
genug/ziemlich viel	kâfie	enough / quite	काफी	enough / quite	kâfee
gestern	kâll	yesterday	कल	yesterday	kâl
glücklich	khûschie sē	happily / cheerfully	खुशी से	happily / cheerfully	khûshee
(in einer) guten Art	âttchie târâhâ	(ina)nice manner	अच्छी तरह	(ina)nice manner	âchhii târâhâ
heute	âdsch	today	आज	today	aaj
hier	jâhãã	here	यहाँ	here	yâhãã
hierher	îß târâff	over here	इस तरफ	over here	îs târâf
immer oder	sâddaa	always or	सदा or	always or	sâddaa
immer	hâmêschaa	always	हमेशा	always	hâmmêshaa
in der Nähe / bei	âs-pâs	close to	आस पास	close to	âs-pâs
jeden Tag oder	hârr-dînn	everyday or	हरदिन or	everyday or	hâr'dîn

Deutsch	Lautumschrift	Hindi	English	Transliteration
jeden Tag	hârr-rōs	हररोज़	everyday	hâr'rōs
jetzt	âbb / âbhie	अब / अभी	now	âb / âbhii
lachend	hâßtaa hûwaa	हँसता हुआ	laughingly	hâstaa hûvaa
langsam oder	dhierē (sē) / dhiemē (sē)	धीरे (से) / धीमे (से) or	slowly or	dhiirē (sē) / dheemē (sē)
langsam	âhißtaa (sē)	आहिस्ता (से)	slowly	âhîstaa (sē)
laut	dschōr (sē)	ज़ोर (से)	loudly	jōr (sē)
letztes Jahr oder	pîtchhlewârrsch	पिछले वर्ष or	last year or	pîchhlē vârsh
letztes Jahr	pîtchhlē saal	पिछले साल	last year	pîchhlēsaal
letzte Nacht	kâll raat	कल रात	last night	kâl raat
links	baajē	बायें	left	bâyē
manchmal	kâbhie (kâbhie)	कभी (कभी)	sometimes	kâbhii (kâbhii)
nächster Tag	dūsrēdinn	दूसरे दिन	next day	dūsrē din
nächstes Jahr oder	âgglē wârrsch	अगले वर्ष or	next year or	âglē vârsh
nächstes Jahr	âgglē saal	अगले साल	next year	âglē saal
nächsten Monat	âgglēmâhiene	अगले महिने	next month	âglē mâheenē
nächsten Tag	âgglē dinn	अगले दिन	next day	âglēdin

nachher / später oder	pietchē	पीछे or	piichē	afterwards/later or
nachher / später	baad mē	वाद में	baad mē	afterwards/later or
nah oder	nikkātt	निकट or	nikâtt	near / close or
nah	nâßdieck	नज़दीक	nâsdeek	near / close
niemals	kâbhie nâhie	कभी नहीं	kâbhii nâhii	never ever
nur oder	kēwâll	केवल or	kēwal	only or
nur	sirrf	सिर्फ़	sîrf	only
oben	ūpârr	ऊपर	ūpâr	above
oft oder	prâjâhâ	प्रायः or	prâjâhâ	often or
oft	âkksârr	अक्सर	âksâr	often
plötzlich	âttchânâkk	अचानक	âchchânâk	suddenly
rechts	daajē	दायें	dâyē	right
schnell oder	schieghrâ (sē)	शीघ्र (से) or	sheeghrâ (sē)	quickly or
schnell	dschâlldie (sē)	जल्दी (से)	jâldii (sē)	quickly
seitdem	tâbb sē	तब से	tâb sē	since then
so	eisaa	ऐसा	aisaa	thus / in this way
so (wie jene)	weisaa	वैसा	waisaa	like that

Deutsch	Lautumschrift	Hindi	English	Transliteration
sofort oder	tûrânt	तुरन्त or	quickly or	tûrânt
sofort	dschâlldie sē	जल्दी से	quickly	jâldee sç
sorgfältig oder	dhjânpûrwâkk	ध्यानपूर्वक	carefully	dhyânpûrvâk
sorgfältig	sâwdhaan	सावधान	carefully	sâwdhaan
täglich oder	prâtîdinn	प्रतिदिन or	daily or	prâtîdin
täglich	rôsânaa	रोजाना	daily	rôsânaa
überall	sâbb dschâggâhâ	सब जगह	everywhere	sâb jâgâhâ
über morgen	nârrsõ	नर्सों	day after to-morrow	nârsõ
unten	nietchē	नीचे	below	neechē
viel oder	bâhût / ânnēk	बहुत / अनेक or	a lot / many or	bâhût / ânēk
viel	âdhik / zyâdaa	अधिक / ज्यादा	a lot / many	âdhik / zyâdaa
von allen Seiten	tchârõ õr	चारों ओर	from all sides	chârõ ôr
vorgestern	pârrsõ	परसों	day before yesterday	pârsõ
vorher	pêhlē	पहले	before	pêhlē
vorne	âgē	आगे	in front / ahead	âgē

German		Hindi	English	
wann	kâbb	कब	when	kâb
weinend	rōtaa hûwaa	रोता हुआ	crying	rōtaa hûvaa
weit / fern	dūr	दूर	far away	duur
wenig	thōdaa	थोड़ा	little	thōdaa
wenn	dschâbb	जब	if	jâb
wie?	keisaa?	कैसा?	how?	kaisaa?
wie (für den relativer Satz)	dscheisaa	जैसा	like / which (relative clause)	jaisaa
wieder	phîrr	फिर	again	phîr
wo?	kâhãã?	कहाँ?	where?	kâhãã?
wohin?	kidhârr?	किधर?	where to?	kidhãr
zuletzt oder	ânt kō	अन्त को or	at the end / finally or	ânt kō
zuletzt	âkhîrr	आख़िर	at the end / finally	âkhîr

Wiederholung der Adverbien

Zur Betonung der Häufigkeit oder Intensität, wird das Adverb in einem Satz wiederholt. Diese Zusammensetzung ist auch mit zwei verschiedenen Adverbien möglich.

Repitition of Adverbs:

Adverbs are repeated to emphasize frequency or intensity in a sentence. These compound adverbs can also be formed with two different adverbs.

Deutsch	Lautumschrift	Hindi	English	Transliteration
am meisten	âdhîk-sê-âdhîk	अधिक-से-अधिक	at the most	âdhîk-sê-âdhîk
ängstlich	dhârrtē-dhârrtē	डरते-डरते	fearing	dhârtē-dhârtē
essend-trinkend	khâtē-pietē	खाते-पीते	eating and drinking	khâtē-peetē
etwas	kûttch-kûttch	कुछ-कुछ	something	kûchh-kûchh
folgend	pietchē-pietchē	पीछे-पीछे	following	peechē-peechē
gehend	tchâlltē-tchâlltē	चलते-चलते	going / walking	châltē-tchâltē
gemeinsam	saath-saath	साथ-साथ	together	saath-saath
getrennt	âllâgg-âllâgg	अलग-अलग	seperate	âlâg-âlâg
glücklich	khûsch-khûsch	खुश-खुश	happy	khûsh-khûsh
gut und schlecht	bûrraa-bhâllaa	बुरा-भला	good and bad	bûrraa-bhâlaa
hier und dort	îdhârr-ûdhârr	इधर-उधर	here and there	îdhâr-ûdhâr

in der Nähe	aas-paas	आस-पास	closeby	aas-paas
irgend wann	kâbhie nâ kâbhie	कभी-न-कभी	sometim e/anytime	kâbhie nâ kâbhie
irgend wer	kôjie nâ kôjie	कोई-न-कोई	someone or the other	kôyee nâ kôyee
kennend, nicht kennend	dschânê-ânndschânê	जाने-अनजाने	knowingly unknowingly	jânê-ânjânê
langsam	dhierê-dhierê	धीरे-धीरे	slowly	dheerê-dheerê
laufend	bhâgtê-bhâgtê	भागते-भागते (मं)	laufend	bhâgtç-bhâgtç
laut	dschôr-dschôr (sê)	जोर-जोर (में)	loudly	jôr-jôr (sê)
manchmal	kâbhie-kâbhie	कभी-कभी	sometimes	kâbhii-kâbhii
richtig (wahrlich)	sâhie-sâhie	सही-सही	right / truth	sâhie-sâhie
schnell	dschâlldie-dschâlldie (sê)	जल्दी-जल्दी (में)	quickly	jâldii-jâldii (sê)
schwimmend	teirr-teirr	तैर-तैर	swimming	tairr-tairr
so lang wie	dschâbb-tâkk	जब तक	so long as	jâb-tâk
spielend	khêltê-khêltê	खेलते-खेलते	playing	khêltç-khêltç
stehend -sitzend	ûtt'tê-beitt'tê	उठते-बैठते	standing and sitting	ûtt'tç-baitt'tç
stehend	tchôrie-tchôrie	चोरी-चोरी	stealing	chôrii-chôrii
Tag -Nacht	dinn-raat	दिन-रात	day and night	dîn-raat
tun (tuend)	kârtê-kârtê	करते-करते	doing	kârtê-kârtê

Deutsch	Lautumschrift	Hindi	English	Transliteration
versteckend	tchûpkē-tchûpkē	चुपके–चुपके	hiding	chûpkē-chûpkē
verschieden	târrâhâ-târrâhâ	तरह–तरह	different	târâhâ-târâhâ
wann?	kâbb-kâbb?	कब – कब ?	when?	kâb-kâb?
wann auch immer	dschâb-kâbhie	जब–कभी	whenever	jâb-kâbhii
wartend	ttêhêrtē-ttêhêrrtē	ठहरते–ठहरते	waitin g	ttêhêrtē-ttêhêrtē
was? was alles?	kjaa-kjaa?	क्या–क्या ?	what? (what all?)	kyaa-kyaa?
weinend	rōtē-rōtē	रोते – रोते	crying	rōtē-rōtē
wenigstens	kâmm sē kâmm	कम–से–कम	atleast	kâm sē kâm
wer? wer alle?	kaun-kaun?	कौन–कौन?	who? / who all?	kaun-kaun?
wie?	keisē-keisē?	कैसे–कैसे?	how?	kaisē-kaisē?
wieder und wieder	baar-baar	वार–वार	again and again	baar-baar
wie lange?	kâbb-tâkk?	कब तक?	how long?	kâb-tâk?
wohin auch immer	dschâhâä-dschâhâä	जहाँ –जहाँ	wherever	jâhâä-jâhâä
wo überall hin?	kâhâä-kâhâä?	कहाँ–कहाँ?	where allover?	kâhâä-kâhâä?
zittern (vor Kälte)	ttîttûr-ttîttûr	ठिठुर–ठिठुर	shivering (from cold)	ttîttûr-ttîttûr

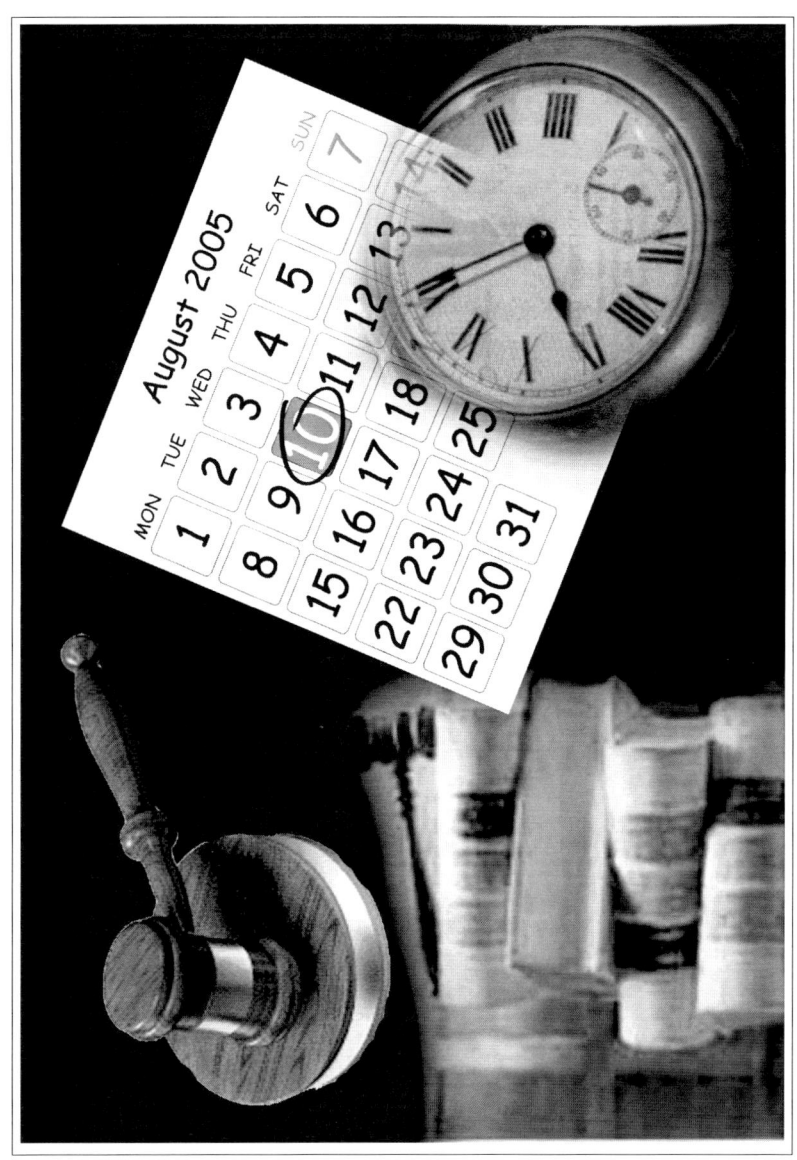

TRANSITIVE VERBEN
TRANSITIVE - VERBS
सकर्मक किया

Deutsch	Lautumschrift	Hindi	English	Transliteration
abändern	bâddâld âlnaa	वदल डालना	change	bâdál dálnáã
ändern	bâddâllnaa	वदलना	change	bâdâlnaa
abbauen	ût ârnaa / mîtt ânaa	उतारना मिटाना	dismantle / remove	ûtārnaa / mîttānaa
abbeissen	kaatt lēnaa	काट लेना	bite off	kaatt lēnaa
abdanken	tchhōdnaa	छोड़ना	leave / resign	chhōdnaa
abgeben	dēnaa / prâdân kârrnaa	देना प्रदान करना	give / hand over	dēnâ / prâdân kârnaa
abholen	mîllnē dschânaa	मिलने जाना	go to meet	mîlnē jânaa
abkürzen	sânnkschîpt kârrnaa	संक्षिप्त करना	shorten / abbreviate	sânkshîpt kârrnaa
ablehnen	âswiekaar kârrnaa	अस्वीकार करना	refuse	âsveekaar kârnaa
abmessen	nāpnaa	नापना	measure	nāpnaa
abnehmen / oder	ûttârnaa	उतारनी or	take off or	ûttārnaa
ablegen	hattânaa	हटाना	remove	hattānaa

abnehmen	wâdschân kâmhōnaa	वजन कम होना	to lose weight	vâjan kâm hōnaa
absagen	râdh kârrnaa	रद्द करना	cancel	râdh kârnaa
absenden/abschicken	bhēdschuaa	भेजना	send	bhējnaa
abwischen	pōñtchhnaa	पोंछना	wipe off	pōñtchhnaa
abschalten	bîddschlie kaātdenaa	बिजली काट देना	switch off	bijliē kaat dēnaa
abtrennen	âlâggânaa	अलगाना	detach/seperate	âlâgânaa
abwaschen	dhōnaa	धोना	wash	dhōnaa
add ieren	dschōdnaa	जोड़ना	add up	jōdnaa
anfassen	tchūnaa	छूना	touch	chūnaa
antworten oder	ûttârr dēnaa	उत्तर देना or	answer	ûttar dēnaa
antworten	dschâwâb dēnaa	जवाब देना	answer	jâwâb dēnaa
anzünden	dschâllânaa	जलाना	to light a fire	jâllânaa
aufmachen	khōlnaa	खोलना	open	khōlnaa
aussteigen	ûttârnaa	उतरना	get down	ûtârnaa
ausstellen	prâkâtt kârrnaa	प्रकट करना	display / show	prâkâtt kârnaa
backen / frittieren	pâkânaa / bhûnânaa	पकाना / भूनना	back / fry	pâkānaa / bhûnânaa
beabsichtigen	îrrādaa kârrnaa	इरादा करना	intend / desire	îrādaa kârnaa

Deutsch	Lautumschrift	Hindi	English	Transliteration
bedrohen	dhâmmkie dēnaa	धमकी देना	threaten	dhâmkii dēnaa
beeindrucken	prâbhāw̃it kârrnaa	प्रभावित करना	impress	prâbhāw̃it kârnaa
beeinflüssen	prâbhāw dâlnaa	प्रभाव डालना	influence	prâbhāv dâlnaa
beenden oder	sâmmāpt kârrnaa	समाप्त करना or	end or	sâmāpt kârnaa
beenden	khâtâm kârrnaa	खत्म करना	end	khâtâm kârnaa
befreien	mûkkt kârrnaa	मुक्त करना	liberate / free	mûkt kârnaa
befürchten	dârrnaa	डरना	fear (suspect/ doubt)	dârnaa
befürchten (vermuten)	sândēhâ kârrnaa	सन्देह करना	fear	sândēhâ kârnaa
begleiten	saath deñaa	साथ देना	accompany	saath dēnaa
begrüßen oder	âbhîwâdhan kârrnaa	अभिवादन करना or	greet or	âbhîvādhan kârnaa
begrüßen	nâmmâßkâr kârrnaa	नमस्कार करना	greet	nâmâskâr kârnaa
behandeln (med)	îllâdsch kârrnaa	इलाज करना (med)	treat (med)	îllāj kârnaa
beißen	kâtnaa	काटना	bite	kātnaa
beleidigen oder	âppmaan kârrnaa	अपमान करना or	insult or	âpmaan kârnaa
beleidigen	ânnâdârr kârrnaa	अनादर करना	insult	ânādâr kârnaa
be lügen	dschut bōlnaa	झूठ बोलना	lie	dsChut bōlnaa

beobachten	dhjân sē dēkhnaa	ध्यान से देखना	watch / observe	jūt bōlnaa
beraten	sâlâhâ dēnaa	सलाह देना	advise	sâlâhâ dēnaa
beschäftigen	kām mē lâggānaa	काम में लगाना	keep one busy	kām mē lâgānaa
beseitigen	hâttānaa	हटाना	remove	hâttānaa
betrügen oder	dhōkhā dēnaa	धोखा देना or	cheat or	dhōkhā dēnaa
betrügen	tchhâll kârrnaa	छल करना	cheat	chhâl kârnaa
bezahlen oder	daam dēnaa	दाम देना or	pay or	daam dēnaa
bezahlen	peisē dēnaa	पैसे देना	pay money	paisē dēnaa
brechen	tôddnaa	तोड़ना	break	tôddnaa
demolieren	nâsch kârrnaa	नाश करना	destroy	nâsh kârnaa
demonstrieren oder	dîkhānaa	दिखाना	show	dîkhānaa
demonstrieren	prâdârrschânn kârrnaa	प्रदर्शन करना	demonstrate	prâdârshân kârnaa
diskriminieren	prâbhēd kârrnaa	प्रभेद करना	discriminate	prâbhēd kârnaa
dolmetschen	wjākjaa kârrnaa	व्याख्या करना	interpret	wyākyaa kârnaa
drängen / bitten oder	winnâtie kârrnaa	विनती करना	urge / push	vinâty kârnaa
drängen / bitten	prērît kârrnaa	प्रेरित करना	urge / push	prērît kârnaa

Deutsch	Lautumschrift	Hindi	English	Transliteration
drehen	ghûmmânaa	घूमना	turn	ghûmānaa
durchqueren	pâr kârrnaa	पार करना	cross	pār kârnaa
einarbeiten (Arbeit)	kām sikhânaa	काम सिखाना	acquaint s.o on work	kām sikhānaa
einäschern	mûrrdaa dschâllânaa	मुर्दा जलाना	cremate	mûrdaa jâlānaa
einatmen	sãâs lēnaa	सांस लेना	inhale	sãâs lēnaa
einberufen / rufen	bûllânaa	बुलाना	call	bûlānaa
einbilden	kâllpânaa kârrnaa	कल्पना करना	imagine	kâlpânaa kârnaa
einbürgern	nâgârriktaa prâdân kârrnaa	नागरिकता प्रदान करना	naturlize	nāgâriktaa prâdân kârnaa
einführen (von Gütern)	(maal) âjât kârrnaa	(माल) आयात करना	import	(maal) âyât kârnaa
einhalten (z.B. Regel, Versprechen)	nîbhânaa	निभाना	keep / follow (promise, rules)	nîbhānaa
einkaufen	khâriednaa	खरीदना	buy / purchase	khâreednaa
eintauschen	wînnîmei kârrnaa	विनिमय करना	exchange	vînîmây kârnaa
empfehlen	sâllâhâ dēnaa	सलाह देना	advise / recommend	sâlâhâ dēnaa
empfinden oder	spârrsch kârrnaa	स्पर्श करना or	feel / touch or	spârsh kârnaa
empfinden	mâhâsûs kârrnaa	महसूस करना	feel / touch	mâhâsûs kârnaa
entfernen	hâttânaa	हटाना	remove	hâttânaa

TRANSITIVE VERBEN * सकर्मक क्रिया * TRANSITIVE - VERBS

entführen	âpphârâñ kârrnaa	अपहरण करना	kidnap	âphârâñ kârnaa
entlassen	tchhûddânaa	छुड़ाना	release	chhûddânaa
entscheiden oder	nîrrñâj dēnaa	निर्णय देना or	decide or	nîrñây dēnaa
entscheiden	feislaa kârrnaa	फैसला करना	decide	faislaa kârnaa
erdulden	sâhânn kârrnaa	सहन करना	bear / endure	sâhân kârnaa
erinnern	jâd dîlânaa	याद दिलाना	remind	yâd dîlânaa
erklären	sâmmdschhânaa	समझाना	explain	sâmjhhânaa
erlauben / genehmigen	ânnûmôdânn kârrnaa	अनुमोदन करना	permit / allow	ânûmōdân kârnaa
ermuntern	sâhâß dēnaa	साहस देना	encourage	sâhâs dēnaa
ernähren (Essen geben)	khāna khîllânaa	खाना खिलाना	feed	khāna khîllânaa
ernähren (unterstützen)	pâlnaa	पालना	support / bring up	pâlna
ernennen	nāmâñkît kârrnaa	नामांकित करना	nominate / appoint	nāmâñkît kârnaa
erniedrigen oder	nietchaa kârrnaa	नीचा करना	humiliate / insult	neechaa kârnaa
erniedrigen	îzzât ûttârnaa	इज़्ज़त उतारना	humiliate / insult	îzzât ûtaarnaa
eröffnen	âbhîschēk kârrnaa	अभिषेक करना	inaugurate / open	âbhîshēk kârnaa
essen oder	khānaa	खाना or	eat or	khānaa
essen	bhôdschânn kârrnâ	भोजन करना	eat	bhōjân kârnaa

Deutsch	Lautumschrift	Hindi	English	Transliteration
explodieren	fáttnaa	फटना	explode	fáttnaa
fälschen	dschâlie kârrnaa	जाली करना	counterfeit	jaalii kârnaa
färben	rânngnaa	रंगना	dye	rângnaa
fassen	pâkkâddnaa / thãmnaa	पकड़ना / थामना	seize / grasp	pâkâdnaa / thãmnaa
fesseln	bãndhnaa	बांधना	bind / tie up	bãndhnaa
finden	prãpt kârrnaa	प्राप्त करना	find	prãpt kârnaa
fliegen	ûddnaa	उड़ना	fly	ûddnaa
folgen	pietchhaa kârrnaa	पीछा करना	follow	peechhaa kârnaa
folgen (gehorchen)	ânnûgmmânn kârrnaa	अनुगमन करना	obey / listen to	ânûgmân kârnaa
fordern	maang kârrnaa	मांग करना	demand	maang kârnaa
fördern	prôtsâhit kârrnaa	प्रोत्साहित करना	promote / encourage	prôtsâhit kârnaa
führen	lê dschânaa	ले जाना	take / lead	lê jânaa
geben	dênaa	देना	give	dênaa
gefährden	wîppâtie mê dâlnaa	विपत्ति में डालना	endanger	wîpâtii mê dâlnaa
gründen / etablieren	sthâpît kârrnaa	स्थापित करना or	establish or	sthâpît kârnaa
gründen / etablieren	prâmân ît kârrnaa	प्रमाणित करना	establish	prâmânît kârnaa

Transitive Verben सकर्मक क्रिया Transitive - Verbs

grüßen	âbhîwãdânn kârrnaa	अभिवादन करना	greet	âbhîwãdân kârnaa
haben	kẽ paaß hõnaa	के पास होना	have	kẽ paas hõnaa
haben besitzen	prãpt hõnaa	प्राप्त होना	obtain / possess	prãpt hõnaa
hacken	kaattnaa	काटना	chop	kaattnaa
hänseln	tchîddânaa	चिढ़ाना	tease	chîddânaa
heben	ûttânaa	उठाना	lift	ûttânaa
heilen	ûpptchâr kârrnaa	उपचार करना	cure	ûpchãr kârnaa
herstellen oder	dâßtkãrie kârrnaa	दस्तकारी करना or	manufacture or	dâstkãrii kârnaa
herstellen	nîrrmãñ kârrnaa	निर्माण करना	manufacture	nîrmãñ kârnaa
hören	sûnnânaa	सुनना	hear	sûnânaa
impfen	ttiekaa lâggãnaa	टीका लगाना	vaccinate	tteekaa lâgãnaa
imitieren oder	ânnûkârâñ kârrnaa	अनुकरण करना or	imitate or	ânûkârâñ kârnaa
imitieren	nâkâll kârrnaa	नकल करना	imitate	nâkâl kârnaa
infizieren	sânkrâmâñ kârrnaa	संक्रमण करना	infect	sânkrâmâñ kârnaa
informieren	sûtchnaa dẽnaa	सूचना देना	inform	sûchnaa dẽnaa
inserieren oder	wigyãpânn dẽnaa	विज्ञापन देना or	advertise or	wigyãpân dẽnaa

Deutsch	Lautumschrift	Hindi	English	Transliteration
inserieren	ghôschît kârrnaa	घोषित करना	inform	ghôshît kârnaa
inspizieren	pârriekschâñ kârrnaa	परीक्षण करना	inspect	pâriikshâñ kârnaa
jagen	schikâr kârrnaa	शिकार करना	hunt	shîkâr kârnaa
kalkulieren oder	ânnûmân lâggânaa	अनुमान लगाना or	calculate or	ânûmân lâgânaa
kalkulieren	hißâb lâggânaa	हिसाब लगाना	calculate	hîsâb lâgânaa
kaufen	khâriednaa	ख़रीदना	buy / purchase	khâreednaa
kehren	dschhâdnaa	झाड़ना	sweep	jhhâdnaa
kennen	dschânânaa	जानना	know	jânânaa
kentern	ûllâttnaa	उलटना	capsize	ûlâttnaa
klagen	schikkâjât kârrnaa	शिकायत करना	complain	shîkâyât kârnaa
kleiden	pêhênânaa	पहनाना	wear	pêhênânaa
knacken	fâddnaa	फाड़ना	crack	fâddnaa
knicken	môdnaa	मोड़ना	bend	môdnaa
kombinieren	mîlânaa	मिलाना	combine	mîlânaa
kommentieren	ttiekaa lîkhnaa	टीका लिखना	comment	tteekaa lîkhnaa
konfiszieren	dschâbbt kârrnaa	ज़ब्त करना	confiscate	jâbbt kârrnaa

German		Devanagari	English	
konstruieren	nîrrmâñ kârrnaa	निर्माण करना	construct	nîrrmâñ kârnaa
konsultieren	raaj lēnaa	राय लेना	consult	raay lēnaa
kontrollieren oder	nîjjânntrâññ kârrnaa	नियंत्रण करना or	control / supervise or	nîyâñtrâñ kârnaa
kontrollieren	nîrriekkschâññ kârrnaa	निरीक्षण करना	control / supervise	nîriikshâñ kârnaa
kooperieren oder	sâth - sâth kaam kârrnaa	साथ-साथ काम करना or	co-operate or	sâth - sâth kaam kârnaa
kooperieren	mîllkârr kaam kârrnaa	मिलकर काम करना	co-operate	mîlkâr kaam kârnaa
kopieren oder	nâkâll kârrnaa	नकल करना or	copy or	nâkâl kârnaa
kopieren	prâtîlîppî kârrnaa	प्रतिलिपि करना	copy	prâtîlîpî kârnaa
korrigieren	dûrrūst kârrnaa	दुरुस्त करना	correct	dûrūst kârnaa
kränken	dûkh dēnaa	दुःख देना	hurt/ offend s.o's feelings	dûkh dēnaa
kümmern oder	tchînntaa hōnaa	चिंता होना or	care (for someone) or	chîntaa hōnaa
kümmern	fikkrâ hōnaa	फिक्र होना	care (for someone)	fikkrâ hōnaa
kurieren	îllâdsch kârrnaa	इलाज करना	cure	îllâj kârnaa
laden	lâdnaa	लादना	load / charge	lâdnaa
lagern	rākhnaa	रखना	store / keep	rākhnaa
lähmen	shâktîhien kârrnaa	शक्तिहीन करना	paralyse / weaken	shâktîheen kârnaa

Deutsch	Lautumschrift	Hindi	English	Transliteration
lärmen	schõr mâtchânaa	शोर मचाना	make noise	shõr mâchânaa
legen	lâggânaa / dâlnaa	लगाना / डालना	put / place	lâgânaa / dâlnaa
lehren	pâddânaa	पढ़ाना	teach	pâddânaa
leiten	mârg dîkhânaa	मार्ग दिखाना	lead / show the way	mârg dîkhânaa
lernen oder	siekhnaa	सीखना or	learn or	seekhnaa
lernen (Wissen aneignen)	gjân prâpt k ârrnaa	ज्ञान प्राप्त करना	gain knowledge	gyân prâpt kârnaa
lesen / lernen	pâddnaa	पढ़ना	read / learn	pâddnaa
lieben oder	pjaar kârrnaa	प्यार करना or	love or	pyaar kârnaa
lieben	mûhâbât kârrnaa	मुहब्बत करना	love	mûhâbât kârnaa
lindern	hâllkaa kârrnaa	हल्का करना	relieve / ease	hâllkaa kârnaa
loben	prâschânnsaa kârrnaa	प्रंसा करना	praise	prâshânnsaa kârnaa
locken oder	lûbhânaa	लुभाना or	entice / allure	lûbhânaa
locken	mõhît kârrnaa	मोहित करना	entice / allure	mõhît kârnaa
lockern	ddielaa kârrnaa	ढीला करना	slacken	ddeelaa kârnaa
lohnen	înâm dênaa	इनाम देना	reward	înâm dênaa
löschen	bûdschhânaa	बुझाना	extinguish	bûjhhânaa

Transitive Verben * सकर्मक क्रिया * Transitive - Verbs

lösen	khōlnaa / ddielâ kârrnaa	ख्यालना / ढीला करना	undo / loosen	khōlnaa / ddeelâ kârnaa
lüften	hâwâdâr kârrnaa	हवादार करना	ventilate	hâwâdâr kârnaa
lügen	dschūt bōlnaa	झूठ बोलना	lie	jhūt bōlnaa
machen / tun	kârrnaa	करना	make / do	kârnaa
mahlen	piesnaa	पीसना	grind	peesnaa
malen (handwerklich) oder	rânngnaa	रंगना or	paint or	rângnaa
malen (künstlerisch)	tchîtrâ bânânaa	चित्र बनाना	paint (art)	chîtrâ bânânaa
meiden	ttâlnaa	टालना	avoid	ttâlnaa
melden / mitteilen oder	sūtchît kârrnaa	सूचित करना or	inform / report or	sūchît kârnaa
melden / mitteilen	khâbbârr dēnaa	खबर देना	inform / report or	khâbâr dēnaa
messen	ânnûmaan kârrnaa	अनुमान करना	measure	ânûmaan kârnaa
mischen / mixen	mîllânaa	मिलाना	mix	mîlânaa
missachten oder	ûpēkschaa kârrnaa	उपेक्षा करना or	disregard / ignore or	ûpēkshaa kârnaa
missachten	tîrrâßkaar kârrnaa	तिरस्कार करना	disregard / ignore or	tîrâskaar kârnaa
mobilisieren	sânngâtthît kârrnaa	संगठित करना	mobilize	sângâtthît kârnaa
modifizieren	rûpântârît kârrnaa	रूपांतरित करना	modify	rûpântârît kârnaa

Deutsch	Lautumschrift	Hindi	English	Transliteration
nachprüfen	dschãñtchnaa	जाँचना	check	jãñchnaa
nähen	sîllãnaa	सिलाना	stitch	sîlãnaa
nähren	khãnaa-pienaa	खाना-पीना	nourish	khãnaa-piinaa
nehmen	lēnaa	लेना	take	lēnaa
nennen	bûllãnaa	बुलाना	call / name	bûlãnaa
niederschlagen oder	pâttâkknaa	पटकना or	knockdown or	pâttâknaa
niederschlagen	gîrrãnaa	गिरना	knockdown	gîrãnaa
öffnen	khōlnaa	खोलना	open	khōlnaa
operieren (med) oder	schâlljâkrîjaa kârrnaa	शल्यक्रिया करना or	operate (med) or	shâllyâkrîyaa kârnaa
operieren	âpârēt kârrnaa	आपरेट करना	operate	âpârēt kârnaa
opponieren	wîrrōdh kârrnaa	विरोध करना	oppose	virrōdh kârnaa
organisieren oder	wjâwâßthaa kârrnaa	व्यवस्था करना or	organize or	vyâvâsthaa kârnaa
organisieren	teijãhrie kârrnaa	तैयारी करना	organize	taiyãrii kârnaa
pachten	îdschãraa lēnaa	इजारा लेना	lease	îjaraa lēnaa
pflegen oder	sēwaa kârrnaa	सेवा करना or	care for or	sēvaa kârnaa
pflegen	sâmmbhãlnaa	संभालना	look after	sâmmbhãlnaa

planen	jŏdschnaa bânânaa	योजना बनाना	plan	yŏjnaa bânânaa
plündern	lūttnaa	लूटना	plunder	lootnaa
preisen	prâschânnsaa kârrnaa	प्रशंसा करना	praise	prâshânnsaa kârnaa
produzieren	bânânaa	बनाना	produce	bânânaa
prophezeien	bhâwîschjâ-kâthânn	भविष्य-कथन	prophecy	bhâwîshyâ-kâthân
	kârrnaa	करना		kârnaa
prügeln	mârrnaa	मारना	thrash	mârnaa
putzen	sâf kârrnaa	साफ करना	thrash	sâf kârnaa
quälen	piedaa dēnaa	पीड़ा देना	torment / torture	peedaa dēnaa
quetschen	dâbbânaa	दबाना	sqeeze	dâbânaa
quittieren	rasied dēnaa	रसीद देना	give a receipt for	râseed dēnaa
rächen	prâtîschŏdh lēnaa	प्रतिशोध लेना	avenge	prâtîshōdh lēnaa
rauben	lūttnaa	लूटना	steal / rob	lūttnaa
räumen	rikt kârrnaa	रिक्त करना	evacuate / move out	rikt kârnaa
rechnen	gâññânnaa kârrnaa	गणना करना	calculate	gâññânaa kârnaa
rechtfertigen	njâjâ sânngât kârrnaa	न्याय संगत करना	justify	nyâyâ sânngât kârnaa

Deutsch	Lautumschrift	Hindi	English	Transliteration
reden	bólnaa	बोलना	speak	bólnaa
reduzieren	kâmm kârrnaa	कम करना	reduce	kâm kârnaa
reformieren	sûdhâr kârrnaa	सुधार करना	reform	sûdhâr kârnaa
regieren oder	wjâwâsthaa kârrnaa	व्यवस्था करना or	regieren or	vyâvâsthaa kârnaa
regieren	râdschjâ kârrnaa	राज्य करना	regieren	râjyâ kârnaa
reiten	sâwârie kârrnaa	सवारी करना	ride a horse	sâwârii kârnaa
reorganisieren	pûnârrgâthâññ kârrnaa	पुनर्गठन करना	re-organise	pûnârrgâthâññ kârnaa
reparieren	dûrûstie kârrnaa	दुरुस्ती करना	repair	dûrûstee kârnaa
repräsentieren	prâtînîdhîtwâ kârrnaa	प्रतिनिधित्व करना	represent	prâtînîdhîtvâ kârnaa
retten	râkschaa kârrnaa	रक्षा करना	save	râkshaa kârnaa
riechen	sûñghnaa	सूंघना	smell	sûñghnaa
riskieren	dschôkhîmm ûttânaa	जोखिम उठाना	riskieren	jôkhîmm ûttânaa
rufen	bûlânaa	बुलाना	call	bûlânaa
rühmen	prâschânnsâ kârrnaa	प्रशंसा करना	praise	prâshânsâ kârnaa
ruinieren	nâscht kârrnaa	नष्ट करना	ruin	nâsht kârnaa

Transitive Verben * सकर्मक क्रिया * Transitive - Verbs

sagen	बोलना	say / tell	bōlnaa
sammeln	इकट्ठा करना	collect	îkâtthaa kârnaa
sauber machen	साफ करना	clean	sâf kârnaa
saugen	चूसना	suck	chūsnaa
schädigen	हानि पहुँचना	damage	hânii pâhûnchnaa
schaffen	निर्माण करना	create	nîrmâñ kârnaa
schenken	भेंट देना	present / gift	bhēnt dēnaa
scheren	कतरना	shear/clip with scissors	kâtârnaa
scheuen	डराना	fright	dârânaa
schlagen oder	मारना	hit	mârnaa
schlagen	पीटना	hit	peettnaa
schlichten	सुलझाना	settle	sūljhânaa
schonen	परवाह करना	take care	pârwâhâ kârnaa
schreiben	लिखना	write	likhnaa
schütten	धार गिराना	pour	dhâr gîrânaa
schützen	रक्षा करना	protect/ guard	râkkshaa kârnaa
schwingen	लहराना / हिलाना	wave	lêhêrânaa / hîllânaa

Left transliterations: bōlnaa · îkâtthaa kârrnaa · sâf kârrnaa · tchûsnaa · hânie pâhûntchnaa · nîrrmâñ kârrnaa · bhēnt dēnaa · kâtârrnaa · dârrânaa · mârnaa · piettnaa · sûlldschhânaa · pârwâhâ kârrnaa · lîkhnaa · dhâr gîrrânaa · râkkschaa kârrnaa · lêhêrrânaa / hîllânaa

Deutsch	Lautumschrift	Hindi	English	Transliteration
segnen	aaschîrrwâd denaa	आशीर्वाद देना	bless	aashîrvâd dēnaa
sehen	dēkhnaa	देखना	see / look	dēkhnaa
signieren	hâßtâkschârr	हस्ताक्षर	sign	hâstâkshâr
unterschreiben	kârrnaa	करना		kârnaa
singen	gânaa	गाना	sing	gânaa
spannen	khientchnaa	खींचना	stretch	kheenchnaa
sparen	bâtchât kârrnaa	बचत करना	save	bâchât kârnaa
spielen	khēlnaa	खेलना	play	khēlnaa
spotten	hâññsie ûddânaa	हँसी उड़ाना	mock	hâñsii ûddānaa
spritzen	tchîdhâknaa	छिड़कना	spray	tchidhâknaa
spülen	dhō dâlnaa	धो डालना	rinse	dhō dālnaa
stehlen	tchŌrie kârrnaa	चोरी करना	steal	chŌrii kârnaa
stellen / setzen	rākhnaa	रखना	put / place	rākhnaa
stemmen	ûtthânaa	उठना	lift	ûtthânaa
stempeln	mŌhârr lâggânaa	मोहर लगाना	stamp	mŌhâr lâgânaa
stimulieren	prērit kârrnaa	प्रेरित करना	stimulate	prērit kârnaa

stören	वाधा डालना	bādhaa dālnaa	disturb
stottern	हकलाना	hâklānaa	stammer
streuen	फैलाना / छितराना	failānaa / chhîtârānaa	scatter
studieren	अध्ययन करना	ādhyâyân kârnaa	study (college/university)
tadeln	दोष लगाना	dōsh lāggānaa	blame
taxieren	दाम लगाना	dām lāgānaa	assess
teilen	विभक्त करना	vibhâkt kârnaa	divide
tilgen	पूरा ऋण चुकाना	pūraa rîñ chûkānaa	pay off
tolerieren	सहन करना	sâhân kârnaa	tolerate
töten	मारना	mārnaa	kill
tragen	ले जाना	lē jānaa	carry / take away
trauen oder	विवाह करना or	vîvâhâ kârnaa	marry or
trauen / heiraten	शादी करना	shādii kârnaa	marry
treffen	मिलना	mîlnaa	meet
trennen	अलग होना	âlâg hōnaa	seperate
trinken	पीना	piinaa	drink

Deutsch	Lautumschrift	Hindi	English	Transliteration
trocknen	sūkhānaa	सुखाना	dry	sūkhānaa
überarbeiten	pûrnâwîtchâr kârrnaa	पुनर्विचार करना	revise	pūrnâvichâr kârnaa
überblicken	ūpârr sē dēkhnaa	ऊपर से देखना	overlook	ūpâr sē dēkhnaa
überführen	dōschie tthêrãnaa	दोषी ठहराना or	convict or	dōshie tthêrãna
überführen	âprãdie tthêhêrãnaa	अपराधी ठहराना	convict	âprâdhee tthêrãna
übergeben	dēnaa	देना	hand over	dēnaa
überholen	âgē nikkâll dschānaa	आगे निकल जाना	overtake	âgē nikkâll jānaa
übermitteln oder	bhēdschnaa	भेजना	convey / transmit	bhējnaa
übermitteln	sūtchît kârrnaa	सूचित करना	convey / transmit	sūchît kârnaa
übernehmen (erfolgreich erwerben)	sâfâll hōnaa	सफल होना	take over	sâfal hōnaa
überprüfen oder	prâmãñît kârrnaa	प्रमाणित करना or	examine / verify or	prâmãñît kârnaa
überprüfen	jâñtch kârrnaa	जाँच करना	examine / verify	jāñch kârnaa
überragen	ūñtchãjie pârr pâhûñtchnaa	ऊँचाइ पर पहुंचना	tower up	uñchâyee pâr pâhûñchnaa
überraschen	tchâkît kârrnaa	चकित करना	surprise	chakit kârnaa
überschneiden	kâttnaa	काटना	intersect	kāttnaa

Transitive Verben ★ सकर्मक क्रिया ★ Transitive - Verbs

German	Phonetic	Devanagari	English	Phonetic
überstehen	dschiewît bâttchnaa	जीवित बचना	survive	jeevît bâchnaa
übertragen	prâsârit kârrnaa	प्रसारित करना	broadcast	prâsârit kârnaa
übertreffen	schreschtt hōnaa	श्रेष्ठ होना	excel	shrēshtt hōnaa
übertreiben	âtirânndschânn kârrnaa	अतिरंजन करना	exaggerate	âtirânjân kârnaa
übertreten/überqueren	pâr kârrnaa	पार करना	cross over/go over	pâr kârnaa
überwachen	nîrriekschâññ kârrnaa	निरीक्षण करना	watch	nîreekshâññ kârnaa
überwältigen	wîddschei pānaa	विजय पाना	overcome/overwhelm	vijây pānaa
überwinden	dschiet pānaa	जीत पाना	overcome/overwhelm	jeet pānaa
überziehen	pêhênn'naa	पहनना	put on / cover	pêhên'naa
umarmen oder	gâllē lâggânaa	गले लगाना	embrace	gâlē lâgânaa
umdrehen	mûddkârr dēkhnaa	मुड़कर देखना	turn round	mûddkâr dēkhnaa
umgraben	khōdnaa	खोदना	dig	khōdnaa
umkehren	ûllttaa kârrnaa	उलटा करना	reverse	ûllttaa kârnaa
umkippen	gîrrânaa	गिरना	fall over	gîrânaa
umkleiden	kâppdē bâdâllnaa	कपड़े बदलना	change clothes	kâpdē bâdâlnaa

Deutsch	Lautumschrift	Hindi	English	Transliteration
umkreisen oder	tchâkkârr lâggānaa	चक्कर लगाना or	turn around or	châkâr lâgānaa
umkreisen	tchâkkârr mârnaa	चक्कर मारना	revolve	châkâr mârnaa
umleiten (Verkehr)	mōddnaa	मोड़ना	divert (traffic)	mōddnaa
umpflügen	hâll tchâllānaa	हल चलाना	plough	hâl châlānaa
umringen/umstellen	ghērnaa	घेरना	surround	ghērnaa
umschlingen	lâppēttnaa	लपेटना	embrace/surround	lâpēttnaa
umschütten	tchhâllâkknaa	छलकना	spill	chhâlâknaa
umstellen	bâdâllnaa	बदलना	change	bâdâlnaa
umwandeln	rūp bâdâll dēnaa	रूप बदल देना	transform	rūp bâdâl dēnaa
unterbinden	rōknaa / ttōknaa	रोकना / टोकना	prevent	rōknaa / ttōknaa
unterbrechen	bādhaa dālnaa	बाधा डालना	interrupt	bādhaa dālnaa
unterhalten	khârrtch utthānaa	खर्च उठाना	maintain	khârch ûtthānaa
unterrichten oder	schîkkschā dēnaa	शिक्षा देना or	teach or	shikshaa dēnaa
unterrichten	sîkhānaa / pâddānaa	सिखाना / पढ़ाना	train / teach	sîkhānaa / pâddānaa
untersagen	mânnā kârrnaa	मना करना	prohibit	mânnā kârnaa
unterschreiben oder	hâßstâkschârr kârrnaa	हस्ताक्षर करना or	sign or	hâstâkshâr kârnaa

unterschreiben	daßtâkhât kârrnaa	sign	दस्तखत करना	dâstâkhât kârnaa
unterstellen oder	mân lēnaa	assume oder	मान लेना or	mân lēnaa
unterstellen	kâllpânnaa kârrnaa	suppose	कल्पना करना	kâlpânaa kârnaa
unterstützen	pâlnaa / sâharaa dēnaa	support	पालना / सहारा देना	pâtnaa sâhâra dēnaa
untersuchen	dschâñtch kârrnaa	examine	जाँच करना	jâñch kârnaa
urteilen oder	ñirrñei kârrnaa	judge or	निर्णय करना or	ñirrñei kârnaa
urteilen	feißlaa kârrnaa	judge	फैसला करना	faislaa kârnaa
verabscheuen / verachten oder	ghrîeñaa kârrnaa	despise /	घृणा करना	ghriñaa kârnaa
verachten oder	tîrrâßkaar kârrnaa	hate or	तिरस्कार करना or	tirâskaar kârnaa
verabscheuen / verachten	nâffrât kârrnaa	despise / hate	नफरत करना	nâfrât kârnaa
verändern oder	bâdâllnaa	change or	बदलना or	bâdâlnaa
verändern	pârriwârrtânn kârrnaa	change	परिवर्तन करना	pâriwârtân kârnaa
verärgern oder	nârâdsch kârrnaa	annoy or	नाराज करना or	nâraj kârnaa
verärgern	tchîddânaa	annoy	विड़ाना	chîddânaa
veranstalten oder	âjŌdschânn kârrnaa	organize/arrange or	आयोजन करना or	âyōjân kârnaa
veranstalten	teijârie kârrnaa	organize/arrange	तैयारी करना	taiyârii kârnaa

Deutsch	Lautumschrift	Hindi	English	Transliteration
verantworten oder	ûttârdâjie hōnaa	उत्तरदाई होना or	to be responsible or	ûtârdâyii hōnaa
verantworten	dschîmmēdâr hōnaa	जिम्मेदार होना	to be responsible	jîmmēdâr hōnaa
verbergen	tchhîppânaa	छिपाना	hide / conceal	chhîpânaa
verbessern	sûdhârnaa	सुधारना	improve	sûdhârnaa
verbiegen	mōddnaa	मोड़ना	bend / twist	mōdnaa
verbilligen	kâmm kârrnaa	कम करना	reduce in price	kâm kârnaa
verbinden (med.)	pâttie bāndhnaa	पट्टी बाँधना	dress / bandage	pâttii bāndhnaa
verbreiten oder	feilānaa	फैलाना or	spread or	failanaa
verbreiten	prâsârit kârrnaa	प्रसारित करना	spread	prâsârit kârnaa
verbürgen	âschwâs ânn dēnaa	आश्वासन देना	vouch for/give guarantee	âshwâsân dēnaa
verdächtigen	sânndēhâ kârrnaa	संदेह करना	suspect	sândēhâ kârnaa
verdauen	pâttchanaa	पचाना	digest	pâchanaa
verdienen (Geld)	kâmmânaa	कमाना	earn	kâmânaa
verdünnen	pâtlâ bânnânaa	पतला बनाना	dilute	pâtlâ bânânaa
verehren oder	prâtîschtaa kârrnaa	प्रतिष्ठा करना or	respect or	prâtishtaa kârnaa
verehren	pûdschaa kârrnaa	पूजा करना	respect	pūjaa kârnaa

vereiteln	prâtîbânndh kârrnaa	prevent	प्रतिबन्ध करना	prâtîbândh kârnaa
verewigen	âmmârr kârrnaa	immortalize	अमर करना	âmâr kârnaa
verfassen	likhnaa	write	लिखना	likhnaa
verfügen	ādēsch dēnaa	decree / order	आदेश देना or	ādesh dēnaa
verfügen oder	āgjā dēnaa	decree / order or	आज्ञा देना	āgjā dēnaa
verführen	bâhâkānaa	seduce	बहकाना or	bâhâkānaa
verführen oder	lūbhānaa	seduce or	लुभाना	lūbhānaa
vergeben (Preis/ Chance)	pûrrâskaar kârrnaa	award / present	पुरस्कार देना	pûrâskār kârnaa
vergeben (Preis/ Chance)	bhēntt dēnaa	award / present	भेंट देना	bhēnt dēnaa
vergeben (jmdn.vergeben)	kschmâa kârrnaa	forgive / pardon or	क्षमा करना or	kshâmaa kârnaa
vergeben oder	mâaf kârrnaa	forgive / pardon	माफ़ करना	mâf kârnaa
vergessen(jmdn. vergeben)	bhūl dschânaa	forgive / pardon	भूल जाना	bhūl jānaa
vergeuden oder	nâschtt kârrnaa	waste or	नष्ट करना or	nâshtt kârnaa
vergeuden	bârrbaad kârrnaa	waste	बरबाद करना	bârbaad kârnaa
vergiften	zêhârr dēnaa	poison	ज़हर देना	zêhârr dēnaa

Deutsch	Lautumschrift	Hindi	English	Transliteration
vergrößern oder	wißtaar kârrnaa	विस्तार करना or	enlarge or	vistaar kârnaa
vergrößern	bâddānaa	वढ़ना	enlarge	bâddānaa
verhaften oder	rōknaa / bânndie kârrnaa	रोकना/बन्दी करना or	arrest or	roknaa / bândii kârnaa
verhaften	gírrâfftaar kârrnaa	गिरफ्तार करना	arrest	gíráftaar kârnaa
verhängen (Strafe)	laagū kârrnaa	लागू करना	impose (punishment/penalty)	laagū kârnaa
verklagen oder	mûkâdmaa tchâllânaa	मुक़दमा चलाना	sue	mûkâdmaa châlânaa
verklagen	âbhijōg tchallânaa	अभियोग चलाना	sue	âbhijōg châlânaa
verkleinern	kâmm kârrnaa	कम करना	reduce	kâm kârnaa
verkünden oder	ghōschñaa kârrnaa	घोषणा करना or	announce / proclaim or	ghōshñaa kârnaa
verkünden	prâkāschît kârrnaa	प्रकाशित करना	announce / proclaim	prâkāshît kârnaa
verlangen	mãngnaa / pǔtchhnaa	मांगना / पूछना	ask for / demand	mãngnaa / pūchhnaa
verlängern	lâmbaa kârrnaa / bâddānaa	लम्बा करना / वढ़ाना	lengthen / extend	lâmbaa kârnaa / bâddānaa
verlassen oder	tchōdkârr dschānaa	छोड़कर जाना or	leave / abandon or	chhôdk ârr jānaa
verlassen	tchâllē dschānaa	चले जाना	leave / abandon or	châlē jānaa
jmdn verletzen	tchōtt pâhûñtchânaa	चोट पहुंचाना	hurt / injure (someone)	chōtt pâhûñchânaa
jmdn verletzen (kränken)	âppmânît kârrnaa	अपमानित करना	offend (someone)	âpmânît kârrnaa

German		Hindi	English	
vermieten	kîrrâjē pârr dēnaa	किराये पर देना	rent / hire out	kîrâye pâr dēnaa
vermissen/verpassen	khōnaa	खोना	miss / lose	khōnaa
vernachlässigen	ûppēkschaa kârrnaa	उपेक्षा करना	neglect	ûpēkshaa kârnaa
vernehmen	pūtch-tātch kârrnaa	पूछ-ताछ करना	interrogate/question	pūch-tāch kârnaa
verneinen	âswiekaar kârrnaa	अस्वीकार करना	deny / reject	âsweekaar kârnaa
veröffentlichen	prākâschît kârrnaa	प्रकाशित करना	publish	prākâshît kârnaa
verpfuschen	bîggāddnaa	बिगाड़ना	mess / ruin	bîgādnaa
verraten	wíschwâßghāt kârrnaa	विश्वासघात करना	betray	vishwâsghāt kârnaa
versammeln	ēkâtrît kârrnaa	एकत्रित करना	assemble / gather	ēkâtrît kârnaa
verschieben/versetzen	hâttānaa	हटाना	move / shift	hâttānaa
veschlingen	nîggâllnaa	निगलना	swallow	nîgâlnaa
verschreiben (med)	wjâwâßthaa kârrnaa	व्यवस्था करना	prescribe	vyâwâsthaa kârnaa
verschütten (Flüssigkeit)	tchâllâkknaa	छलकना	spill (liquid)	châlâknaa
verschwenden	nâschtt kârrnaa	नष्ट करना	waste	nâshtt kârnaa
versenken	ddūbnaa	डूबना	sink	ddūbnaa

Deutsch	Lautumschrift	Hindi	English	Transliteration
versprechen	wādaa kârrnaa	वादा करना	promise	wādaa kârnaa
verstehen	sâmmâdschnaa	समझना	understand	sâmmâjnaa
verteidigen	râkkschaa kârrnaa	रक्षा करना	defend	râkshaa kârnaa
vertrauen	wîschwaaß kârrnaa	विश्वास करना	trust	vishwaas kârnaa
vertreiben	nîkkālnaa	निकालना	expel	nîkālnaa
verweigern	âswiekaar kârrnaa	अस्वीकार करना	refuse / reject	âswiikâr kârnaa
verzehren	khaanaa	खाना	consume / eat	khaanaa
verzeihen	kschâmmaa kârrnaa	क्षमा करना	forgive	kshâmmaa kârnaa
verzörgen	wîllâmb kârrnaa	विलम्ब करना	delay	vîlâmb kârnaa
wagen	sāhâß kârrnaa	साहस करना	risk	sāhâs kârnaa
wandeln oder	bâdâll dēnaa	बदल देना or	change or	bâdâl dēnaa
wandeln	pârrîwârrtânn kârrnaa	परिवर्तन करना	change	pârîvârtân kârnaa
waschen	dhōnaa	धोना	wash	dhōnaa
wechseln	bâdâllnaa	बदलना	change	bâdâlnaa
weg werfen	feiñknaa	फेंकना	throw away	faiñknaa
wenden	mōddnaa	मोड़ना	turn	mōddnaa

German		Devanagari	English	
widmen	sâmmârrpâññ kârrnaa	समर्पण करना	dedicate	sâmârpâññ kârnaa
wünschen	tchâhâna	चाहना	wish	châhânaa
zahlen oder	tchûkânaa	चुकाना or	pay or	chûkânaa
zahlen	bhûggâtânn kârrnaa	भुगतान करना	pay	bhûgâtân kârrnaa
zählen	gínnânaa	गिनना	count	gín'nânaa
zerdrücken	dûbbânaa	दुबाना	crush	dûbânaa
zerfetzen	fâddnaa	फाड़ना	tear to pieces	fâddnaa
zerren	ghâßietnaa	घसीटना	drag	ghâseetnaa
zerstören	nâschtt kârrnaa	नष्ट करना	destroy	nâshtt kârnaa
ziehen	khieñtchnaa	खींचना	pull	kheeñtchnaa
zuführen	lânaa / pâhûñtchnaa	लाना / पहुंचना	carry / bring	lânaa / pâhûñchnaa
zuhalten/zumachen	bânnd kârrnaa	बंद करना	keep shut	bând kârnaa

Deutsch	Lautumschrift	Hindi	English	Transliteration
abfahren	râwānaa hōnaa	रवाना होना	leave / depart	râv ânaa hōnaa
abfliegen	ûddnaa	उड़ना	take off	ûddnaa
abstammen	dschânmâ lēnaa	जन्म लेना	be descended from	jânmâ lēnaa
abstimmen	wōt dēnaa	वोट देना	vote	vōt dēnaa
abtreiben	gârrbhâpât hōnaa	गर्भपात होना	to have an abortion	gârbhâpât hōnaa
abweichen	hâttnaa	हटना	deviate	hâttnaa
altern	būdaa hōnaa	बूढ़ा होना	to become old	būdaa hōnaa
angehören	kaa hōnaa	का होना	to belong to	kaa hōnaa
ankommen	pâhūñtchnaa	पहुँचना	arrive	pâhūññchnaa
anschwellen	sūdschânaa	सुजना	swell	sūjânaa
auffallen	âkârrschît kârrnaa	आकर्षित करना	attract attention	âkârshît kârnaa

aufstehen	ûttnaa	उठना	get up	ûttnaa
aufwachen	dschâgnaa	जागना	wake up	jâgnaa
baden	snān kârrnaa	स्नान करना	bath	snān kârnaa
begegnen	mîllnaa	मिलना	meet	mîlnaa
bellen	bhaunknaa	भोंकना	dark	bhaunknaa
beten	prârth ânaa kârrnaa	प्रार्थना करना	pray	prârth ânaa kârnaa
betteln	bhiekh mângnaa	भीख माँगना	beg	bheekh mângnaa
bleiben	ttêhêrrnaa	ठहरना	remain / stay	ttêhêrnaa
blühen oder	fâllnaa-fûlnaa	फलना-फूलना or	bloom / blossom or	fâlnaa-fûlnaa
blühen	bâhaar ânaa	बहार आना	bloom / blossom	bâhaar ānaa
brüllen	gârrdschânn kârrnaa	गर्जन करना	roar	gârjân kârnaa
dolmetschen	wjâkhjaa k ârrnaa	व्याख्या करना	interpret	wjâkhjaa kârnaa
dringen	āgrâhâ kârrnaa	आग्रह करना	insist	âgrâhâ kârnaa
drohen	dhâmmkie dēnaa	धमकी देना	threaten	dhâmmkie dēnaa
einbiegen	mōdnaa	मोड़ना	turn	mōdnaa
einbrechen	prâwēsch kârrnaa	प्रवेश करना	break in (burglary)	prâwēsh k ârnaa

Deutsch	Lautumschrift	Hindi	Transliteration	English
eindringen	äkrâmmâññ kârrnaa	आक्रमण करना	âkrâmâññ kârnaa	invade
einsteigen	tchâdd dschânaa	चढ़ जाना	châdd jânaa	get in / alight
eintreffen	pâhûñtchnaa	पहुंचना	pâhûñchnaa	arrive
einwilligen oder	ânnùkûl hônaa	अनुकूल होना or	ânûkûl hônaa	agree or
einwilligen	raazie hônaa	राजी होना	raazii hônaa	agree
entkommen oder	mûkt hônaa	मुक्त होना or	mûkt hônaa	escape or
entkommen	sûrrâkschît nîkkâll dschânaa	सुरक्षित निकल जाना or	sûrâkshît nîkâl jânaa	escape
erblinden	ândhaa hô dschnaa	अंधा हो जाना	ândhaa hô jânaa	to go blind
fahnden	dûndnaa / khôdschânaa	ढूंढना / खोजना	dûndnaa / khôjnaa	search
fahren	râwwânaa hônaa	रवाना होना	râvânaa hônaa	travel / go
fahren (z.B. Auto)	tchâllânaa	चलाना	tchâllânaa	drive
fallen	gîrrnaa	गिरना	gîrnaa	fall down
fechten	râkschaa kârrnaa	रक्षा करना	râkshaa kârnaa	fence
feilschen	môl-tchâl kârrnaa	मोल-चाल करना	môl-châl k ârnaa	haggle about price
fischen	mâttchie pâkkâddnaa	मच्छी पकड़ना	mâcchii pâkâdnaa	fish

German		Devanagari	English	
fortbestehen	dschārie kârrnaa	जारी करना	continue	jārii kârnaa
fliegen	ûddnaa	उड़ना	fly	ûddnaa
frieren	tânnddaa hônaa	ठंडा होना	freeze	tânddaa hōnaa
gedeihen	sâfâll hōnaa	सफल होना	thrive / prosper	sâfâl hōnaa
gedeihen (Pflanzen / Blumen)	fûlnaa	फूलना	flourish / blossom	fûlnaa
gedenken	smârrñârth ûttsâw mânnânã	समरण्य उत्सव मनाना	commemorate	smârñârth ûtsâv mânãnã
gefallen	prâßânnâ kârrnaa	प्रसन्न करना	please	prâßânâ kârnaa
gefallen (jmdn. mögen)	pâßând aanaa	पसंद आना	like someone	pâsând ânaa
gelingen oder	sâfâll hōnaa	सफल होना or	succeed or	sâfâl hōnaa
gelingen	wîdschei prâpt hônaa	विजय प्राप्त होना or	succeed	vijai prâpt hônaa
gelten oder	weidh hōnaa	वेद्य होना	to be valid	vaidh hōnaa
gelten	mânjâ hōnaa	मान्य होना	to be valid	mânjâ hōnaa
grassieren	dûr tâkk feilânaa	दूर तक फैलाना	to be widespread	dûr tâk failânaa
hängen	lâttkânaa	लटकाना	hang	lâttkânaa
heimkehren	ghârr lâutnaa	घर लौटना	return home	ghâr lâutnaa
helfen oder	sâhâraa dēnaa	सहारा देना or	help / aid	sâhâraa dēnaa

Deutsch	Lautumschrift	Hindi	English	Transliteration
helfen	mâddâd kârrnaa	मदद करना	help / aid	mâddâd kârrnaa
herrschen	râdschjâ kârrnaa	राज्य करना	rule (over)	rājyā kârnaa
hinfallen	gîrr dschânaa	गिर जाना	fall down	gîrjānaa
hinken	lânngâddânaa	लंगड़ाना	walk with a limp	lāngddānaa
hungern	bhûkhâ rêhnaa	भूखा रहना	go hungry/starve	bhūkhā rêhnaa
husten	khãsnaa	खाँसना	to cough	khãsnaa
imponieren	prâbhâw dâlnaa	प्रभाव डालना	impress	prâbhāv dālnaa
jammern	kârrâhânaa	कराहना	moan / lament	kārâhānaa
kämpfen	lâddnaa	लड़ना	fight	lâddnaa
klingen	ghântie bâdschânaa	घंटी बजाना	sound / ring	ghântii bâjânaa
klirren	khâttkhâttânaa	खटखटाना	rattle	khâttkhâttânaa
knallen (explodieren)	dhâmâkaa kârrnaa	धमाका करना	bang	dhâmākaa kârnaa
knallen (Feuerwerkskörper)	pâtâkhē ûddânaa	पटाखे उड़ाना	bang with fireworks	pâtākhē ûddānaa
knurren	gûrrânaa	गुर्राना	growl	gûrānaa
kokettieren	nâkhrâ kârrnaa	नखरा करना	flirt	nâkhraa kârnaa
kommen	ânaa	आना	come	ānaa

Intransitive Verben* अकर्मक क्रिया * Intransitive Verbs

kondolieren	sâhânūbhûti kârrnaa	सहानुभूति करना	condole with	sâhan ūbhûti kârnaa
konferieren oder	sállâhâ kârrnaa	सलाह करना or	confer or	sâlâhâ kârnaa
konferieren	mâschwârrâ kârrnaa	मशवरा करना	confer	mâshwârâ kârnaa
kreischen	tēdsch tchiekhnaa	तेज चीखना	shriek	tēj cheekhnaa
lachen oder	mûßkânaa	मुस्कराना or	smile	mûskânaa
lärmen	schōr mâttchânaa	शोर मचाना	make noise	shōr mâchânaa
lästern	tchûgglie khânaa	चुगली खाना	backbite/ run down	chûglii khânaa
laufen	daudnaa	दौड़ना	run	daudnaa
lauschen oder	kān lâggâkârr sûnnânaa	कान लगाकर सुनना or	eavesdrop or	kān lâgâkâr sûnânaa
jmdn lauschen	kißße kie bâtē sûnnânaa	किसीको बातें सुनना	eavesdrop	kisii kii bâtē sûnânaa
leben	dschienaa	जीना	live	jeenaa
lügen	dschhûtt bōlnaa	झूठ बोलना	lie	jhûtt bōlnaa
meckern	bâddbâddânaa	बड़बड़ाना	grumble	bâddbâddânaa
meinen (glauben)	sōtchnaa	सोचना /	believe	sōchnaa/w
meinen (denken)	wittchâr kârrnaa	विचार करना	think	wichârkârna
nachdenken	sōtchnaa/wittchâr kârrnaa	सोचना / विचार करना	think	sōchnaa/wichâr kârnaa

Deutsch	Lautumschrift	Hindi	English	Transliteration
nachlassen oder	kâmm kârrnaa	कम करना or	decrease/diminish or	kâmm kârnaa
nachlassen	kâmm hô dschânaa	कम हो जाना	decrease/diminish	kâmm hô jânaa
nachlaufen oder	pietchhē daudnaa	पीठे दौड़ना or	run after or	peechhē daudnaa
nachlaufen	pietchhâ kârrnaa	पीठा करना	run after	peechhaa kârnaa
nicken	sîrr hîllânaa	सिर हिलाना	nod	sîr hîlânaa
niesen	tchhienknaa	छींकना	sneeze	cheenknaa
nippen	tchûßkie lâggâkârr pienaa	चुस्की लगाकर पीना	sip	chûskii lâgâkâr peenaa
nisten	ghôslē mē dschânaa	घोंसले में जाना	nest	ghôslē mē jânaa
pinkeln	pēschâb kârrnaa	पेशाब करना	pee / urinate	pêshâb kârnaa
plädieren oder	nîwēdânn kârrnaa	निवेदन करना or	plead or	nîvēdân kârnaa
plädieren	wâkâlât kârrnaa	वकालत करना	plead	vâkâlât kârnaa
platzen	fâtt pâddnaa	फट पड़ना	burst	fâtt pâddnaa
prahlen	ddieng mârnaa	डींग मारना	brag / boast	ddeeng mârnaa

radeln	sâîkill tchâllânaa	साइकिल चलाना	to cycle	sâîkil châlânaa
rasen (Auto)	têz tchâllânaa	तेज़ चलाना	to race (car)	têz châlânaa
reagieren	prâtîkâr kârrnaa	प्रतिकार करना	to react	prâtîkâr kârnaa
reden / sprechen	bôlnaa	बोलना	speak	bôlnaa
rufen	bûllânaa	बुलाना	call / cry / shout	bûlânaa
salutieren oder	nâmmâßkâr kârrnaa	नमस्कार करना or	salute or	nâmâskâr kârnaa
salutieren	âdârr kârrnaa	आदर करना	salute	âdâr kârnaa
schauen	dêkhnaa	देखना	look (at)	dêkhnaa
schimpfen	dôsch nîkkâlnâa	दोष निकालना	scold / complain	dôsh nîkâlnaa
schreien	tchîllânaa / tchiekhnaa	चिल्लाना / चीखना	cry / shout / yell	chillânâ / cheekhnaa
schweben	lâttkânaa	लटकाना	be suspended / hover	lâttkânaa
schweigen	tchûpp-tchâp rêhnaa	चुपचाप रहना	to be silent	chûp-châp rêhnaa
schwinden	kschieñ hônaa	क्षीण होना	dwindle / diminish	ksheeñ hônaa
sickern / triefen	ttâppâkknaa	टपकना	trickle	ttâpâknaa
sitzen	beittnaa	बैठना	sit	baittnaa

Deutsch	Lautumschrift	Hindi	English	Transliteration
spielen	khēlnaa	खेलना	play	khēlnaa
spotten	hânsie ûddānaa	हँसी उड़ाना	mock	hânsii ûddānaa
spucken	thûknaa	थूकना	spit	thûknaa
staunen	wißmît kârrnaa	विस्मित करना	to be astonished	vîsmît kârnaa
stechen	tchûbhânaa	चुभाना	prick	chûbhânaa
stehen oder	khâddaa rêhnaa	खड़ा रहना or	stand or	khâddaã rêhnaa
stehen	khâddaa hônaa	खड़ा होना	stand	khâddaa hônaa
steigen	tchâddnaa	चढ़ना	climb	châddnaa
stinken	bâdbûdâr hônaa	बदबूदार होना	stink	bâdbûdâr hônaa
stöhnen	kârrâhânaa	कराहना	moan / groan	kârâhânaa
stolpern	fûddâkknaa	फुदकना	trip over	fûdâknaa
stürzen	dhâmmâkē kē sâth	धमाके के साथ	fall / crash	dhâmâkē kē sâth
	gîrrnaa	गिरना		gîrnaa
träumen	sâppnâ dēkhnaa	सपना देखना	dream	sâpnaa dēkhnaa
umkommen	mârr dschânaa	मर जाना	to be killed	mârr jânaa
verblassen	dhiemaa pâddnaa	धीमा पड़ना	to fade	dheemaa pâddnaa

Intransitive Verben * अकर्मक क्रिया * Intransitive Verbs

German	Transliteration	Devanagari	English	Transliteration
verblühen (Blumen)	mûrrdschhãnaa	मुरझाना	to fade (flowers)	mûrjhãnaa
verweilen / warten	ttâhhârrnaa	ठहरना	stay	ttâhârnaa
verletzen	tchŏt p âhûntchnaa	चोट पहुँचाना	to hurt / harm	chŏt pâhûnchãnaa
weinen	rõnaa	रोना	to cry / weep	rõnaa
zaudern	sânnkŏtch kârrnaa	संकोच करना	hesitate	sânkŏch kârnaa
zittern	kâmpnaa	कांपना	tremble / shake	kâmpnaa
zunehmen	bâddãnaa	बढ़ना	increase	bâddãnaa

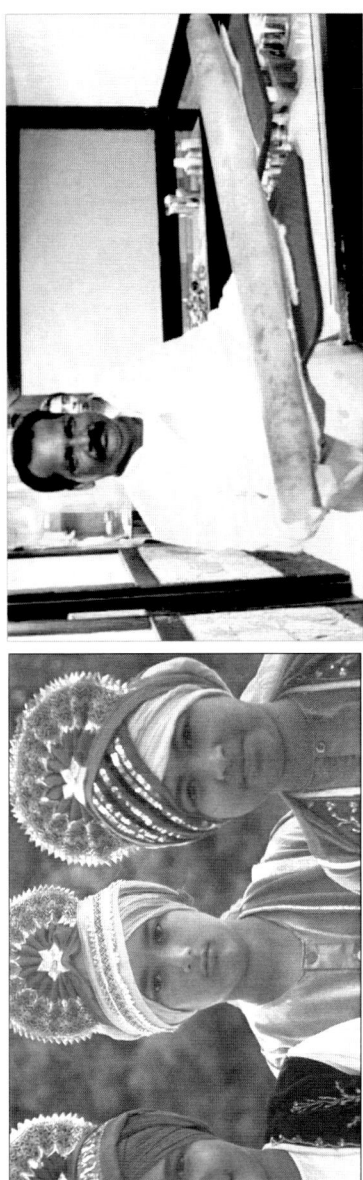

VOKALE :	Übungsbögen Copywriting		VOWELS:
अ	आ	इ	ई
अ	आ	इ	ई
उ	ऊ	ए	ऐ
उ	ऊ	ए	ऐ
ओ	औ	अं	अः
ओ	औ	अं	अः

Konsonanten :	Übungsbögen Copywriting		Consonants:
क	का	कि	की
क	का	कि	की
कु	कू	के	कै
कु	कू	के	कै
को	कौ	कं	कः
को	कौ	कं	कः

Konsonanten :	Übungsbögen Copywriting		Consonants:
ख	खा	खि	खी
ख	खा	खि	खी
खु	खू	खे	खै
खु	खू	खे	खै
खो	खौ	खं	खः
खो	खौ	खं	खः

Konsonanten :	Übungsbögen Copywriting		Consonants:
ग	गा	गि	गी
ग	गा	गि	गी
गु	गू	गे	गै
गु	गू	गे	गै
गो	गौ	गं	गः
गो	गौ	गं	गः

Konsonanten :	Übungsbögen Copywriting		Consonants:
घ	घा	घि	घी
घ	घा	घि	घी
घु	घू	घे	घै
घु	घू	घे	घै
घो	घौ	घं	घः
घो	घौ	घं	घः

Konsonanten :	Übungsbögen Copywriting		Consonants:
च	चा	चि	ची
च	चा	चि	ची
चु	चू	चे	चै
चु	चू	चे	चै
चो	चौ	चं	चः
चो	चौ	चं	चः

Konsonanten :	Übungsbögen Copywriting		Consonants:
छ	छा	छि	छी
छ	छा	छि	छी
छु	छू	छे	छै
छु	छू	छे	छै
छो	छौ	छं	छः
छो	छौ	छं	छः

Konsonanten :	Übungsbögen Copywriting		Consonants:
ज	जा	जि	जी
ज	जा	जि	जी
जु	जू	जे	जै
जु	जू	जे	जै
जो	जौ	जं	जः
जो	जौ	जं	जः

Konsonanten :	Übungsbögen Copywriting		Consonants:
झ	झा	झि	झी
झ	झा	झि	झी
झु	झू	झे	झे
झु	झू	झे	झे
झो	झौ	झं	झः
झो	झौ	झं	झः

Konsonanten :	Übungsbögen Copywriting	Consonants:	
ट	टा	टि	टी
ट	टा	टि	टी
टु	टू	टे	टै
टु	टू	टे	टै
टो	टौ	टं	टः
टो	टौ	टं	टः

Konsonanten :	Übungsbögen Copywriting		Consonants:
ठ	ठा	ठि	ठी
ठ	ठा	ठि	ठी
ठु	ठू	ठे	ठै
ठु	ठू	ठे	ठै
ठो	ठौ	ठं	ठः
ठो	ठौ	ठं	ठः

Konsonanten :	Übungsbögen Copywriting		Consonants:
ड	डा	डि	डी
ड	डा	डि	डी
डु	डू	डे	डै
डु	डू	डे	डै
डो	डौ	डं	डः
डो	डौ	डं	डः

ढ	ढा	दि	ढी
ढ	ढा	दि	ढी
ढु	ढू	ढे	ढै
ढु	ढू	ढे	ढै
ढो	ढौ	ढं	ढः
ढो	ढौ	ढं	ढः

Konsonanten :	Übungsbögen Copywriting	Consonants:	
ण	णा	णि	णी
ण	णा	णि	णी
णु	णू	णे	णै
णु	णू	णे	णै
णो	णौ	णं	णः
णो	णौ	णं	णः

त	ता	ति	ती
त	ता	ति	ती
तु	तू	ते	तै
तु	तू	ते	तै
तो	तौ	तं	तः
तो	तौ	तं	तः

Konsonanten :	Übungsbögen Copywriting		Consonants:
थ	था	थि	थी
थ	था	थि	थी
थु	थू	थे	थै
थु	थू	थे	थै
थो	थौ	थं	थः
थो	थौ	थं	थः

Konsonanten :	Übungsbögen Copywriting		Consonants:
द	दा	दि	दी
द	दा	दि	दी
दु	दू	दे	दै
दु	दू	दे	दै
दो	दौ	दं	दः
दो	दौ	दं	दः

Konsonanten :	Übungsbögen Copywriting		Consonants:
ध	धा	धि	धी
ध	धा	धि	धी
धु	धू	धे	धै
धु	धू	धे	धै
धो	धौ	धं	धः
धो	धौ	धं	धः

Konsonanten :	Übungsbögen Copywriting		Consonants:
न	ना	नि	नी
न	ना	नि	नी
नु	नू	ने	नै
नु	नू	ने	नै
नो	नौ	नं	नः
नो	नौ	नं	नः

Konsonanten :	Übungsbögen Copywriting		Consonants:
प	पा	पि	पी
प	पा	पि	पी
पु	पू	पे	पै
पु	पू	पे	पै
पो	पौ	पं	पः
पो	पौ	पं	पः

Konsonanten :	Übungsbögen Copywriting		Consonants:
फ	फा	फि	फी
फ	फा	फि	फी
फु	फू	फे	फै
फु	फू	फे	फै
फो	फौ	फं	फः
फो	फौ	फं	फः

Konsonanten :	Übungsbögen Copywriting		Consonants:
ब	बा	बि	बी
व	बा	बि	बी
बु	बू	बे	बै
बु	बू	बे	बै
बो	बौ	बं	बः
बो	बौ	बं	बः

भ	भा	भि	भी
भ	भा	भि	भी
भु	भू	भे	भै
भु	भू	भे	भै
भो	भौ	भं	भः
भो	भौ	भं	भः

म	मा	मि	मी
म	मा	मि	मी
मु	मू	मे	मै
मु	मू	मे	मै
मो	मौ	मं	मः
मो	मौ	मं	मः

य	या	यि	यी
य	या	यि	यी
यु	यू	ये	यै
यु	यू	ये	यै
यो	यौ	यं	यः
यो	यौ	यं	यः

Konsonanten :	Übungsbögen Copywriting		Consonants:
र	रा	रि	री
र	रा	रि	री
ऋ	ऋ	रे	रै
ऋ	ऋ	रे	रै
रो	रौ	रं	रः
रो	रौ	रं	रः

Konsonanten :	Übungsbögen Copywriting		Consonants:
ल	ला	लि	ली
ल	ला	लि	ली
लु	लू	ले	लै
लु	लू	ले	लै
लो	लौ	लं	लः
लो	लौ	लं	लः

Konsonanten :	Übungsbögen Copywriting		Consonants:
व	वा	वि	वी
व	वा	वि	वी
वु	वू	वे	वै
वु	वू	वे	वै
वो	वौ	वं	वः
वो	वौ	वं	वः

Konsonanten :	Übungsbögen Copywriting		Consonants:
श	शा	शि	शी
श	शा	शि	शी
शु	शू	शे	शै
शु	शू	शे	शै
शो	शौ	शं	शः
शो	शौ	शं	शः

ष	षा	षि	षी
ष	षा	षि	षी
षु	षू	षे	षै
षु	षू	षे	षै
षो	षौ	षं	षः
षो	षौ	षं	षः

स	सा	सि	सी
स	सा	सि	सी
सु	सू	से	सै
सु	सू	से	सै
सो	सौ	सं	सः
सो	सौ	सं	सः

ह	हा	हि	ही
ह	हा	हि	ही
हु	हू	हे	है
हु	हू	हे	है
हो	हौ	हं	हः
हो	हौ	हं	हः

क्ष	क्षा	क्षि	क्षी
क्ष	क्षा	क्षि	क्षी
क्षु	क्षू	क्षे	क्षै
क्षु	क्षू	क्षे	क्षै
क्षो	क्षौ	क्षं	क्षः
क्षो	क्षौ	क्षं	क्षः

Konsonanten :	Übungsbögen Copywriting		Consonants:
त्र	त्रा	त्रि	त्री
त्र	त्रा	त्रि	त्री
त्रु	त्रू	त्रे	त्रै
त्रु	त्रू	त्रे	त्रै
त्रो	त्रौ	त्रं	त्रः
त्रो	त्रौ	त्रं	त्रः

Konsonanten :	Übungsbögen Copywriting		Consonants:
ञ	ञा	ञि	ञी
ञ	ञा	ञि	ञी
ञु	ञू	ञे	ञै
ञु	ञू	ञे	ञै
ञो	ञौ	ञं	ञः
ञो	ञौ	ञं	ञः

श्र	श्रा	श्रि	श्री
श्र	श्रा	श्रि	श्री
श्रु	श्रू	श्रे	श्रै
श्रु	श्रू	श्रे	श्रै
श्रो	श्रौ	श्रं	श्रः
श्रो	श्रौ	श्रं	श्रः

Nachwort

Während meine deutschen Freunde im naßkalten Winter ihrer Arbeit in Hamburg nachgingen, habe ich im Dezember 2006 in der sonnigen Großstadt Mumbai bei 28° C Wärme an diesem Wörterbuch gearbeitet. Der Stress, unter dem ich manchmal litt, war hausgemacht. Mit meinem „dalli-dalli Hamburger-Temperament" gab ich hin und wieder den Indern zu verstehen, dass sie bitte sehr noch schneller arbeiten sollten, als sie es taten. Ohne eine Miene zu ziehen und kopfnickend, machten sie weiter mit ihrer Arbeit. Als ich ziemlich nervös fragte, ob die Arbeit fertig werde, da die Zeit drängt, sagten sie gelassen: „Nur kein Stress, Madame, wir werden vorankommen. Falls die Arbeit vor Ihrer Abreise nicht fertig sein sollte, schicken wir sie später nach Deutschland".

Tatsächlich waren vor meiner Abreise viele Kapitel meines Buches fertiggestaltet. Die Inder haben den Rest nachgeliefert. Nach der Endkorrektur ging es wieder nach Mumbai per Kurier. Zwei Wochen später kam die PDF-Datei für den Verlag. Es wurde in wenigen Wochen

---

Epilogue

Whilst my German friends in Hamburg were going about their work in the cold and humid Winter weather in December 2006, I worked on this dictionary in sunny Mumbai with the temperature just being a mild 28° Celsius. However, the stress under which I sometimes suffered, was homemade. Time and again I used to request the team to work a bit faster, because I was worried that the work wouldn't be finished before my departure to Germany. They would passify me by saying: „Don't worry Madam, we shall certainly complete the work to your satisfaction. If we don't finish before your departure, we shall send the manuscripts to you in Germany via courier".

Most of the work was however completed prior to my departure to Germany. The type-setted manuscript was sent via Courier. After the final proof-reading, I sent the manuscripts back to Mumbai. Fifteen days later the publishing company received the book in PDF-format. They printed the book in less than four weeks. This book can be ordered from any bookshop all over the world or even online via **amazon.de**

gedruckt, so dass ab sofort das Buch über die Buchhandlung oder per Internet über **amazon.de** und **amazon.com** bestellbar ist. Dieses „Outsourcen" nach Indien hat Vorteile gebracht. Die Arbeit an diesem Werk von 280 Seiten wurde in weniger als fünf Monaten erledigt und das zu einem Fünftel des Preises, den ich sonst an manche Graphiker/in in Deutschland gezahlt habe. Wie mein Kater Professor Dr. Snoopy mir zu verstehen gibt: „Leben und Leben lassen", nehme ich nun alles gelassen hin und freue mich, noch eine Hilfe für meine Leser geschaffen zu haben!

Die Autorin mit ihrem Kater, Professor Dr. Snoopy
The author along with her tomcat, Professor Dr. Snoopy.

or **amazon.com**. The outsourcing of this book project to India did bring some advantages! The work was completed in less than five months. The charges for designing and type-setting of the book was just one fifth of what I otherwise I normally pay to graphic artists in Germany.

My tomcat Professor Dr. Snoopy, would possibly use the phrase „live and let live". This is certainly a good and positive attitude. I'm however glad to have once again been able to contribute this dictionary in Hindi for my readers.